書不盡言
言不盡意
有覺聖智
完成人格

辛卯冬 二〇一一年
九四續童
南懷瑾

宗镜录略讲

（卷二）

南怀瑾 著述

复旦大学出版社

出版说明

《宗镜录》一百卷，唐末五代永明延寿禅师著，是中国佛教传世的经典名著。延寿禅师为禅宗法眼宗第三代法嗣，他有感于当时禅宗信徒因未明佛法而产生的种种流弊及争论，乃邀集天台、华严、唯识三宗知法比丘，互相问难，并以禅宗心要加以折中，著成此书。书中引用佛经及中印圣贤论著达三百本之多，可谓"和会千圣之微言，洞达百家之秘说"，这在佛学的相关论著中，可谓前无古人，后无来者。

《宗镜录》撰成千载以来，以其规模宏大，辞美旨深，在广受好评的同时，也被大众读者视为畏途。南怀瑾先生有鉴于此，乃就此书精要部分，深入浅出，详加剖析。本卷内容包括全书中有关禅宗以及唯识论的部分。先生在章析句解的同时，融会各种佛门要义，并结合中西方文化精髓，使当代学人得以借此进入这部博大精深的佛学著作。

兹经版权方台湾老古文化事业公司授权，将老古公司二〇一三年九月初版校订出版，以供研究。

复旦大学出版社
二〇一七年七月十四日

目 录

4

8

第二十一讲
多闻方许叩禅关

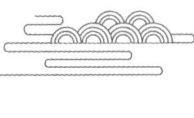

事事无碍如实观
无功用行现慧光
披缁须具善巧眼
多闻方许叩禅关
相得益彰目遇光
人牛自作苦轮框
诸佛遍送醒眼药
莫将觉情换迷情

事事无碍如实观

《宗镜录》四十三卷引用了许多佛经原文，重点在说明学佛修持不一定看经，道在自心。但反而言之，看经却又非常重要，不要认为明白道便可以不研究经典，那是很大的错误，他已经说过理由。上次我们把这段定了小标题叫"定慧圆融"，又可另定副题叫"禅解相应"，禅是功夫；解是智慧、理解，两者必须相应，因此多个副题更清楚。

接着，永明寿禅师引用《华严经》：

> 如《华严经》云："欲度众生令住涅槃，不离无障碍解脱智；无障碍解脱智，不离一切法如实觉；一切法如实觉，不离无行无生行慧光；无行无生行慧光，不离禅善巧决定观察智；禅善巧决定观察智，不离善巧多闻。"

平常我们敲木鱼念经，或自己看《华严经》，这些文字一看都懂，实际上往往都没有懂。现在是白话文时代，在过去古文时代，这种古文非常美，文字晓畅。晓是明白，畅是痛快。因为翻译得太好、太明白了，反而容易看了过去。根据这许多的经验了解，文字越好，使读者越不能深入，就像现在的教育，有各种视听教材辅助，一般年轻人看了好像都懂了，实则越来越不懂，学问贫乏，只有知识。譬如这段经文，我们一读就过去了，实际上有好几个层次，第一，他首先提出，《华严经》说，要想度一切众生使他成佛悟道，第一个条件：不离开无障碍的解脱智。

譬如禅宗讲悟道，第一步悟道就是无障碍解脱智，要一切无障碍。在座有很多打坐的，坐起来在无障碍吗？两个腿子酸的麻的，腿子障也；身体感觉忘不掉，身子障也；妄念断不了，烦恼之障也……处处是障碍。那么，你懂得空的道理吗？理论上都懂得，真解脱无障碍做不到。例如他首先叫我们忘身，忘掉这个身体，无身见，还不要说无我见，这里头有层次的，身体的感觉统统空掉都没有做到，即使身体的障碍完全空了，你还有一个空的境界，就是还有我在。以禅宗来说，初步破参就要达到这个程度，见到空性。换句话说，初步悟道就应该达到无障碍解脱智，大家仔细研究，谁做到了？

这个修证层次是反过来述说的。第一句讲**"欲度众生令住涅槃，不离无障碍解脱智"**，至于无障碍解脱智如何来呢？**"不离一切法如实觉"**，又进一步勉强下个注解，无障碍解脱智是见到空的一面，真的空了，不是说有许多事看开、算了，那是理论上、意念上勉强空掉，那个靠不住，还是有障碍，属凡夫的空。如何达到无障碍？离不开一切法如实觉。什么叫一切法？理论上都认为见到空应该是把身体、四大，一切丢掉，一切物理世界障碍、心理障碍没有了才算达到空。

其实，进一步事实不然。这一切法，包括一切事、一切理，世间、出世间一切法都是如实，本来如此，用不着空它。妙有即是真空，真空也就是妙有，一切法如实觉，要悟到这个道理。换句话说，**"不离无障碍解脱智"**是见空性，见空性根据何来？**"不离一切法如实觉"**，亦即妙有，就是现在的境界、现有的世间，就在这个有当中自然是空的。

无功用行现慧光

那么第三步，**"一切法如实觉"**怎么到达呢？一切法本空，不需要离它。这必须靠**"无行无生行慧光"**了，既不是智，又不是觉，是慧光，这是功夫境界了！实际修养到，不须再修行，不需要做功夫的功夫。不需要做功夫的功夫是无行，无生是一切念头生而不生，虽在生生不已中，当下无生，要有这个智慧的了解，而这个智慧的了解不是智，也不是觉，而是慧光，自性光明，智慧的光明自然照到。这是第三步。

<h1 style="text-align:center">披缁须具善巧眼</h1>

4

再进一步，无行无生行的慧光怎么来的？要打坐做功夫——不离禅定，不是普通的禅定，是"**不离禅善巧决定观察智**"。譬如禅宗叫大家参话头、天台宗修止观、听呼吸……为什么大家搞了半天没有成就？功夫与智慧配不起来；理论与事实不能合一。所以，做功夫要注意善巧，一切法要善于应用，即便如普通说做人，仁义道德是绝对的原则，仁义道德用之不当则害人害己。善心还要晓得善巧，真的一考试，理论完全没有融会贯通，可见智慧没有善巧。因此若要把经典理论用之于修证功夫上更不成了！为什么无此本事？智慧没有善巧运用。譬如参话头也好，念佛、修密宗念咒子观想也好，你不会善巧运用，夜里听呼吸听久了睡不着觉，睡不着不是坏事，因为你气充满了！如果要睡觉，赶紧换方法，这是方法问题，要善巧运用。

许多同学跟我说：老师这样实在不行，我们在老师这里听得太多，这样那样，不晓得哪样好？我只好说："你笨蛋，我办了一桌菜端上来，你胃口不好，少吃两样菜，喝碗汤算了嘛！能够吃就多吃，还有什么办不了的？怎么办？我说凉拌！"这就是不懂得善巧。八万四千法门，千万不要弄成死法，法法可都是善巧，有些用在这里对；有些用在那里不对。譬如吃饭，吃多了也会出毛病。你说我今天吃不下，可是老师端上来我就吃。我看你能吃又端上来，结果非把你肚子撑破不可，吃不下就不吃嘛！

所以永明寿禅师说，要达到这个境界要不离禅的善巧，善巧什么？决定性的能够观察，这个观察是经典上的名词，就是我们平常说的：参啊！要观察，但是有许多人学佛听经看经，哪里有经都去听，结果听不听？都不听，他没有观察研究，因此听完了讲些什么？"嘿嘿，不知道！"我们这里也经常有，昨天讲什么都不知道，是不是都悟了道的，听而不听，见而不见？"老师讲得好啊！"但你问他讲到哪一行，还要我找一下，都是这样，没有观察智。没有观察智一切都是白学的。

多闻方许叩禅关

那么，禅的善巧决定观察智怎么来的呢？"不离善巧多闻"，要学问渊博。多闻就是要渊博，眼睛多看经典，耳朵多去听，然后把听的理论吃进去，融会贯通，研究一下，这个对我有没有用？或者我现在是不是这样？要对证。所以，永明寿禅师引用这一段《华严经》引用得非常好。

大家反省一下，平常都觉得自己看了经书，不要说看佛经，看平常书籍也一样，每一个字、每个句子都要慎重地想，留意怎么深入，站在两个不同的立场观察，就比较容易了解书中的问题。结果看书的人一晃就过去，没有深入，以为自己看懂，其实没有懂。像永明寿禅师引用的这段经文，你把它反转过来看就了解了，学佛第一先从理论下手，理论即多闻，然后从多闻求证，修定、修禅，在禅定中理与事配合起来观察，由此发展智慧自性的光，使你悟道而得真正大解脱的般若智慧。因此，经典怎么不重要！非常重要。

接下来是结论：

是以因闻显心，能辩决定观察之禅。

这是永明寿禅师的文章，我们刚才用现代话，一打散重新组合而了解其意。在宋代当时，因风气不同，文章理路与我们写作的方法稍稍有别，同时那个时代观察事物的思想习惯也与我们现在不一样，当时这些句子都是很美的文章，这是中国哲学与西方哲学两者在方式、形态上的不同。西方哲学靠思辨、逻辑来分析、推理而认识一个东西；中国哲学讨厌得很，靠文学境界，可以意会不可以言传：大概，就是那个样子，东边起火，恐怕那边也冒烟吧！想着想着烟就来了！而西方思想方法：东边起火，那边冒不冒烟再去求证。两者不同，各有理由。

"因闻显心"，修道的人求明心见性，必须先通教理，多闻渊博，才能显出明心见性之相是什么。

"能辨决定观察之禅"，教理研究清楚才能辨别自己用功的情形：为什么今天用功腿子麻？容易昏沉？昨天打坐好一点是什么理由？这都有个理由的！大家不从这里观察，光问老师。你要自己观察好了再来跟我研究，那还差不多！结果我们这些人学禅不合逻辑，也懒得用脑筋，没有观察智。昨天为什么不好？昨天气候不好。你在哪里坐？吃了些什么东西？睡了多少时间？有没有感冒？都是问题，不去研究，因为一研究，他马上有个观念：这不是妄想嘛！那么你不要妄想好了嘛！不妄想做不到，那就要想清楚，你来问我干什么？你做不到难道叫我替你啊？真没办法！自己不晓得用善巧决定观察。"因闻显心"，因此要教理通，才能分辨善用禅的观察智慧。

> 因禅发起无行无生之慧，因慧了达诸法如实之觉，因觉圆满无碍解脱之智。

修禅定，定久慧生，不过这个定是方便说，其实本文这里现在只讲禅不讲定。老实讲，大家不太容易了解禅是什么，为表达只好说修定，但定是什么也不懂，只好讲打坐，其实打坐不过是定与禅的一小部分、一个形态而已！这一点千万注意，听过后不要又忘记了，然后硬把打坐当禅、当定，那就错了，所以特别申明这一点。他说，必须因禅而发起无行无生的慧，因慧再通达诸法如实之觉，最后"因觉圆满无碍解脱之智"。

> 斯皆全因最初多闻之力，成就菩提。

修道开始还靠多闻，亦即渊博的学问。

相得益彰目遇光

> 若离此宗镜，别无成佛之门，设有所修，皆成魔外之法。

永明寿大师一再强调这本著作的重要。他说，现在帮助大家把多闻——经典修持成道的精华语句都搜编成册，写成这本《宗镜录》，有多闻才能够成佛道，成就菩提。那么，离开这本《宗镜录》，可以说，另外再无成佛之门，如果你不从这本集中许多教理的书来对证自己做功夫，不研究教理乱做功夫，"皆成魔外之法"，不是外道就是魔障，走错误的路子。这是他所强调的道理。讲到这里，他又要引经据典佐证其言，免遭乱舌之说。他引用龙树菩萨所著《大智度论》的句子：

> 《大智度论》偈云："有慧无多闻，是不知实相；譬如大暗中，有目无所见。"

有智慧的人，比方在绘画、作文章，或研究教理、电机等各方面有天赋的人，如果只有天才而没有学问的培养，没有用。"是不知实相"，永远达不到实相般若智慧的体。这样就等于在黑暗的房间，有眼睛却看不见。注意！不要说学佛，我经常发现很多青年同学犯一个毛病，靠自己的聪明浮动，不肯彻彻底底沉潜下来研究，你叫他研究、读经，他不干，做不下去。既聪明又肯踏实研究，不管做什么都成功。聪明人往往是浮的，包括我在内，我也自认是聪明人，聪明反被聪明误。有天才不力学，何用？等于黑暗中的眼睛起不了作用。

> "多闻无智慧，亦不知实相；譬如大明中，有灯而无目。"

相反的，光做学问，没有天才智慧，或脑筋不清楚，永远是个书呆子，充其量变个两脚书柜，头脑装得很多，你问什么都懂，但到达没有？证到没有？没有。等于有亮光的房间中没有眼睛，亮光白照空房间。

人牛自作苦轮框

> "多闻利智慧，是所说应受；无闻无智慧，是名人身牛。"

这是龙树菩萨说的，有人学问渊博，智慧敏利，听了善知识说的道理，马上了解接受了。如果没有智慧，又不肯努力研究学问，虽是人身，却是牛的脑袋瓜。龙树菩萨骂人骂得非常艺术。

> 且如有慧无多闻者，况如大暗中有目而无所见，虽有智眼而

不能遍知万法，法界缘起，诸识熏习等。如处大暗之中，一无所见。

他说，有人有智慧，不肯多闻，在黑暗中虽然有眼睛，但是看不见；虽有智慧的眼睛，而不能遍知万法皆从法界缘起，皆从诸识熏习而来。注意这两个要点，万法是从"法界缘起，诸识熏习"而来。这八个字讲起理论是很繁琐的，可以引进一堆佛学的经论。

举例而言，在座许多人用功，今天境界好，昨天境界不好，或者昨天夜里打坐睡不着，今天拼命想睡。刚才说过，都是因为自己理论不清楚，又不观察研究，盲修瞎练，不要被龙树菩萨骂我们是人身牛，那就惨了！各种事物变化的道理何在？法界缘起，有个原因来的，为什么这一堂好那一堂不好？要观察缘起。

譬如好多同学前几天非常用功，我说当心白坐，这两天会生病，为什么？空气中的湿度太大，平常六十二、三度是舒服，前几天梅雨季达到八十四度，不得了，像我的房间摆一部除湿机，昼夜除湿，水一桶一桶倒。外在环境湿度大，而你的饮食又吃得好，粽子什么的……毒品装一肚子，外面湿气一进来，再加上生活上许多事不注意，不病倒才怪呢！如果不病倒，那才叫佛法无灵，病倒是应该。你说，在这种情况下，做功夫的人，空气要注意、饮食要注意，没有哪一点不是法界缘起。当这许多因缘极不合适时，你怎么样去调整它，去解脱这个环境？结果我的话蛮灵，其实是佛法有灵，不是这个鼻子塞了、那个头痛，再不然感冒，在家病一场。很多原因不注意嘛！佛法不离世间法，这就是法界缘起，一切都是缘生的。

所以这两天同学送来很多粽子，同学好意要老师吃，我说对不起，一口也不要，我受不了，如果吃了，算不定接着第二个缘就要吃药，都是吃，但是何苦多麻烦受罪呢！这些是什么道理呢？法界缘起。有些看到好吃的不吃，但叫他好好保养，多穿衣服，他说不要紧，还觉得热。第二天找老师说病了，叫你围一下你不围，你看我老头子包得好好的。这叫菩萨畏因，一切事情因一动就害怕；凡夫畏果，我们是人身牛，果报不来不知道害怕。人身牛不是我讲的，是龙树菩萨说的。

许多人不晓得我们修行，主要是要把心意识熏习的习气、生活的习气整个转弯，转弯还是要大转弯，才能把自己改过来。我们人的习气大得很，不光是这一生的习惯，有许多习惯是前生带来的。经常看一个刚生下的男孩有女孩味道，女孩有男孩味道，也是前生习气带来的，这个习惯有三世因果的道理。学佛，修养做功夫要讲这些问题。这八个字我们这样通俗地讲比较明白一点。我不是佛学家，也没得学问，喜欢讲土话。照佛学家、学问家就不是这样讲，这么讲要打手心的。"法界缘起"，引经据典，学问是学问，同自己不相干。那么，现在把学问的理论打碎了，磨成粉，吸收后体会，也许会比较清楚。

所以，要遍知法界的万法缘起，和诸识熏习等等道理，要确实去了解，不要犯大毛病，学问是学问，行为是行为，对佛学所懂的道理与身心修养配不起来，那学问等于白费，做个学者，教教书、讲讲理论还可以，我们不希望做成这样，学问要能够用的。

否则"如处大暗之中，一无所见"，一肚子学问有什么用！何况连学问也没，又没智眼，等于在黑暗的房间，什么都看不见。

诸佛遍送醒眼药

是以实相遍一切法，一切法即实相，未曾有一法而出于法性。若不遍知一切法，则何由深达实相？故云亦不知实相。

这就是学佛。大家喜欢讲明心见性，假使我们问，学佛修证，悟了道的、明心见性的人如何呢？能够遍知一切法。你说我只是明心，其他不知道，那你拿经典来对对看，算不算明心？可以说一点明心悟道、一点空性都不是，那都是意识所造的境界。真的有所悟，要遍知一切法。不能遍知一切法，"何由深达实相"？哪里能说是悟道？这是这个，那是那个，什么是这个、那个？这就是实相，实相就是智慧之体，你见不到，不能遍知一切法，还敢说自己悟道！"故云亦不知实相"，所以说，有慧无多闻的人也不知道实相为何。实相即般若的实相，拿现代话说，就是智慧的体，形而上的道，也就是我们拼命想修道的"道"，那个东西叫实相。实相是佛学名词，实相无相。

> 多闻无智慧者，况如大明中有灯而无目，虽有多闻记持名相，而无自证真智。圆解不发，唯堕无明。

他说学问好，没有真智慧，这其中有层次的。多闻是知识，包括佛家的经典，而智慧不是知识。等于讲儒家时我提一个口号：学问不是学识，书读得好、文章写得好是学识高；学问是做人做事的真修养。换言之，引用到佛学也是一样，多闻是学识；智慧是道，天生自然的境界。

多闻没有智慧，等于大光明中有灯没有眼睛。学识渊博，"记持名相"，一问佛学名词行得很，六根：眼耳鼻舌身意；八识：前五识加第六意识、第七末那识、第八阿赖耶识；二无我：人无我、法无我。答得都很对，但记持的只是名相。"而无自证真智"，自己没有证到那个境界，真智慧没有来。刚才讲悟了道能遍知一切法，为什么你不能遍知一切法呢？因为没有自证的真智，所以"圆解不发"，圆融无碍的见解发不起来。因此，懂唯识不懂般若、中观；懂了中观又不懂唯识；懂了佛学又不懂世间的学问；懂了世间学问又不懂佛学，不能圆融贯通。

什么原因呢？因为你没有"自证真智"。本篇开始即言三量四分，其中的"自证分"，要自己证到，由自证真智慧，然后圆通见解才能发起。"圆解不发"，因此"唯堕无明"，只有堕在愚痴当中。

大信不成，空成邪见。

对一切信仰，乱信、迷信。广义的解释，迷信为何？譬如算命的问我，有没有算命这个道理？没有，一切唯心，命由人转。如果命定你会发财，躺在床上睡个三年五年，看你发不发财？可见还是要人为的努力。然而有些人不相信算命，斥为迷信，我说你胡扯，算命看相在中国也有三千年的历史，据我所知，中国历史上的名人，第一流头脑、第一流学问的人都还喜欢这一套，包括皇帝，你以为他笨啊！他接触的人也多得很，为什么还信这一套，去做专门研究？而且迷进去都是第一流的头脑，还不是差的。可见得算命即使是骗术，骗也有学问，你既然不懂，随便说迷信，你才迷信呢！不懂而乱下批评，不知道而只相信自己的意志，就是迷信。如果研究了再批评，那不是迷信，是正信。学佛还不只是正信而已，还要大信，要自己证到才不是迷信。大信硬要自己求证过。

所以，他说这般人学佛没有自证智，全是宗教情绪上的信仰，不是智慧上的大信，因此，"大信不成，空成邪见"，所有见解都偏差了。

如大明中虽有日月灯光，无眼何由睹见？

没有真正选择佛法的眼睛，何由修成？

虽闻如来宝藏，一生传唱，听受无疲；己眼不开，但数他宝。

智眼不发，焉辩教宗？如是之人，故是不知实相。

文句美，对仗好。佛经等于大智慧的宝库，我们虽然采宝库，却是"一生传唱"，变成录音机。过去是传声筒，皇帝身旁有传胪官，读书出身，考取翰林，最后就站在皇帝跟前当代他传话，就这样做一辈子官，此官谓传胪。这样读书看来也蛮可怜，而我们学问好的光讲讲经传唱，替佛做宣传也是佛的传胪而已。

"听受无疲"，还有些人也不会传唱，到处有经必听，有讲必闻，有闻必然不记，到处听受不感疲劳，上午赶这一场，下午赶那一场，看到都有他，实际上都听而不见。他说这种人很多。

"己眼不开，但数他宝"，自己没有眼睛，专数人家家中财产，数释迦牟尼佛家里的财产。当一辈子会计主任，口袋一毛钱没有。

"智眼不发，焉辩教宗"，自己没有真正智慧，眼睛亮不起来，什么叫教理也不懂。教就是一切经论，佛经的理；宗是禅宗、天台宗、密宗，所学的宗旨在哪里？教是什么？宗是什么？搞不清楚。他说这样的人，赶了一辈子闹热，永远也不知道智慧悟道的实相是怎么样。

莫将觉情换迷情

闻慧具足，方达实相之原。闻慧俱无，如牛羊之眼，岂辩万法性相总别之方隅耶？

只有学问渊博，真理搞清楚，智慧开发具足了，才能悟道——"方达实相之原"。如果既没有智慧，又不肯研究经典学问，闻与慧两者俱无，与牛羊之眼何异？永明寿禅师又在骂人，牛羊没有般若智慧，眼睛一样视物，看的不同而已！"岂辩万法性相总别之方隅耶？"一切万法性体与起用，总体与它的差别，方隅是形容词，方是方向，隅是四个角，某些经典理论是指某一范围而说，不能够以偏概全，那就分辨不出。因此他说：

> 夫学般若菩萨，不可受人牛之诮；绍佛乘大士，宁甘堕虫木之讥？若乃智人应须三省。

14

这几句话如果照文字念，极易马马虎虎读过去。一个真正学佛的人，尤其为学佛而出家的，读了这几句话，应该痛哭流涕。学般若菩萨的人，不应该像龙树菩萨所骂的，虽是人身却如牛一般，受人牛之讥诮。尤其是我们出家人，绍隆佛种，要挑起佛法的担子，继承佛的大乘，"宁甘堕虫木之讥？"虫木的典故已经讲过，恐怕大家都是多闻之上，听而不见。"如虫食木，偶尔成文"，虫爬过之处仿似文字，瞎猫撞上死老鼠，碰上了。

曾经跟同学讲过这个故事，我年轻时也跟年轻同学一样，看到哪里有道就去学，越学越有趣，一天到晚忙得要命，到处赶，上午一场、下午一场、晚上又一场。碰到一个有道的，此人九十多岁，一摸头顶，同婴儿一样陷下去，还会跳动，真有功夫，绝不假。可是道法就两样。后来我拜他为师学东西，他有很多法术。第一、隐身术。我说好，先学隐身术，求都求不得；第二、枪弹打不进。好，要当军人得学这个。然后他叫我买块白布，有一定长度。

夜里子时十二点整，如法设坛，焚香燃烛，修此法花五十块大洋，有钱可办，这法还不买吗？弄完一大堆，念念有词，画符烧纸灰和倒一杯清水，叫我喝下去，多脏啊！为了修法我一口气就喝了，勇气大得很。然后他说要问上天答不答应传法，等玉皇大帝批准，那好，听天命啦！我跪着等，看他把布撑开在烛火上一烧，哟！答应了。我一看烧过的布没有掉，变成一片四四方方的灰，上面的天书不是中国字，中文是竖着，天书是横着写，大概同英文差不多。我说师父啊，这是天书啊？说些什么？我一个都认不得。他说他答应你了。不过我站起来说不学了，我说你先让我打一枪看打不打得进？好不好？他说那不可以，那我不学了，因为我已经看懂了。

回去就请人去买块同样的布，也不点香也不点蜡烛，我也烧天书，烧了上天还是给我文字，因为我晓得重庆的土布，棉纱做的，米浆浆过，纱容易化灰，米浆化得慢，而且会发光，每一次天书写的都不同。然而他也不是骗我，他一辈子这样学来。我到最后一法也没学成，隐身法不会，枪也打得穿。为什么讲这些？都是"如虫食木，偶尔成文"。

第二十二讲
天意但随凡心转

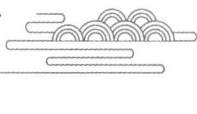

心是活宝

一念天地悬隔

伟哉阿赖耶

真正的三藏

擒贼先擒王

要「识」货

心是活宝

是以未知心佛之宝，甘处尘劳；才闻性觉之宗，便登圣地。

一般人不知心即是佛，自性本心就是佛，自他不二，有云："十世古今，始终不离于当念；无边刹境，自他不隔于毫端。"时间是相对的，只在一念之间。三千大千世界，自己与他方国土都是一体的。天地同根，万物一体，不隔于毫端。不知这个宝贝，而甘处于尘劳，愿意在红尘中劳碌终身。假定有人一念回过来，晓得自性就是佛，当下证到了，立刻由凡夫变成圣人。

如《贤劫定意经》云：喜王菩萨宴坐七日。过七日已，诣佛启请："行何三昧能悉通达八万四千诸度法门？"

喜王菩萨，真正证了禅定功夫的人，一定是法喜充满，无比快乐。慈悲喜舍，是菩萨面孔的招牌。假如一副讨债嘴脸的样子，一定与道毫不相干。什么叫宴坐？不依身（三脉七轮还是在依身），不依心，不依也不依（即连空的境界也空掉），是名宴坐，亦称不依不住三昧。反过来说，依住亦是三昧，就看你有没有择法的正觉之智，空的也对，有也不错，看你能不能？喜王问佛："修行哪一种方法，能够了解八万四千法门，以一切方便来度人超出尘劳痛苦？"

佛告喜王："有三昧门，名了诸法本。菩萨行时，便能通达诸度法门。诸度法门者，诸佛有三百五十功德，一一德各修六度为因。"

这里说，任何法门当中，有三百五十功德，成就至善的善果叫功德。所作所为，包括一切心理行为，以及平日做人做事的每一事行都要具备六度：布施、持戒、忍辱、精进、禅定、般若。我们学佛的人比普通人更要注重道德修养，帮忙一个人，甚至骂一个人，出发点须包含了六度功德才可以。即心理与行为随时随地要合乎六度，乃至梦中丧失了这样的心行，就已经违反学佛的基本了。这有多么严重，千万注意，不是打坐几天几夜就是宴坐。

心理行为没有转化，说修行是靠不住的。现在佛告诉你了，每件所作所为，心理所起的，要具备六度之因；因还不是果，这个因发生善行，变为成果了，才是一件功德。这是佛了诸法本的三昧门，大家努力。

一念天地悬隔

释曰：诸法本者，即众生心。若随善心，成六度门；若随恶心，作三途道。当乐土而为苦境，皆是心成；处地狱而变天堂，悉由心转。

什么是一切法的本？就是众生心，包括我们现在的心理行为，做人的思想心念。假使我们每一念头动的都是善心，当下就可成就六度法门。假如我们念念习惯动恶心，马上堕落三恶道。有时人家对我们不起，就起非杀了他不可之念，本身已经堕入地狱道心行中去了。

本来人生无所谓乐苦，皆由心变。本来在幸福中，因自己观念的问题而成痛苦的环境，这是自己心理造成的。假使一个人在地狱中，心理一转变，可以使地狱变成天堂，也是唯心所造。这里极力说明唯心的作用有这样大。

> 或即刹那成佛，或即永劫沉沦，只在最初一念之力。故云："法无定相，但随人心。如天意树，随天意转。"

不是阎王，也不是上帝使你如此，是自己形成这一股力量、业力。佛法讲心的行法没有固定，一念之间可把地狱变成天堂，也可把幸福变成苦境，都在自己，一切唯心。据说天界也有一宝树，可随天人的心意变现；其实，人心就是天意树的根本。

> 可谓变通立验，因果现前。

每天要反省自己。每天所遭遇的，都成前因后果的关系，是绝对科学性，不二的因果法则。

> 不动丝毫，遍穷法界。如牖隙之内，观无际之空；似径尺镜中，见千里之影。有斯奇特，昧者不知。如见金为蛇，误执宝成砾。

心的作用有这样大，遍穷法界。我们的才智如井蛙观天那么有限。我们本体心性的伟大，比宇宙还要伟大，《楞严经》也再三提到这个道理。而我们没有智慧，把这个身体当成自己，是非常渺小，非常可怜的。更愚蠢的是，在那里打坐，只管到身体里头，更弄得小之又小，可怜到极点，这就有如把黄金看成四大之蛇，把拿在手上的宝物当作瓦砾。

伟哉阿赖耶

故《密严经》偈云："譬如殊胜宝，野人所轻贱；若用饰冕旒，则为王顶戴。如是赖耶识，是清净佛性；凡位恒杂染，佛果常保持。如美玉在水，苔衣所缠覆；赖耶处生死，习气蒙不现。"

心识的正题来了，我们可给它加个小标题："赖耶心识"。刚才讲到心之体的伟大。在哲学思想中，心物一元已经很不得了了，但在佛法看来，心物一元不过是百千万法中的一法而已，又算什么？心体的功能，神而通之，还超过物理、精神两方面的力量，不知还要大多少。因为人类知识所不能到达，所以拿心物一元来比方，已经很不容易了。

这个心如此伟大，因为难以分别，所以弥勒菩萨把它分成八个部分。最后一部分称阿赖耶识，其实是心之根源。这阿赖耶识包括了心与物的作用，大家看玄奘法师的《八识规矩颂》就知道，不必再作介绍。

真正的三藏

阿赖耶识具有三藏（能藏、所藏、执藏）的意义。物理世界、精神世界的功能，都从这个体发出来。发出来以后变成万有一切现象，万有一切现象是它的所藏。它含藏有那么大的功能，但它造成了物理世界、精神世界一切万有以后，坚执而长久存在着，就是执藏。比如这个世界几千年、几万年还是存在，当然还是在变动，但看起来还一直在那里，这是它的执藏功能。

我们的肉体也是阿赖耶识所变现的一部分，所以说四大肉体是假的，不要管，这是小乘说法。依大乘说法，这个肉体四大也是这个心，也是心的一环，等于是物理世界。我们的心理、智慧则是精神世界。在未死亡前，阿赖耶识还没分散前，还是这个生命，能藏、执藏、所藏都在这儿，自己会抓得牢牢的。

我们打坐，妄想不能断，阿赖耶识种子执藏的力量非常大。但是这个执持力量是空的呀！比如特技表演，顶起空碗转动，转得非常快时，碗掉不下来。这是转动得太快了，这个力量就变成吸力，像地心引力一样。由此可知，妄念为何断不了，身心动得太快，在那里耍特技，所以妄念断不了。

"十世古今，始终不离于当念"的这个念，就具备了能、所、执藏。《八识规矩颂》云"浩浩三藏不可穷"，这三藏研究不完，自己观察自己都观察不完。"渊深七浪境为风"，阿赖耶识像深海一样，心性是深而无底的。"受熏持种根身器"，它保持过去、现在种子，善、恶、无记种子，连未来的种子也包括在内。所以有人能知过去，也能知未来。

"去后来先作主公"，人死后身体未完全冷却以前，第八识还没完全走掉。换句话说，生命的余力没完，这时你动他，他的脸色会很难看。实际上，他的脑神经已死亡了，但阿赖耶识还有执受，很难过。所以一定要等到完全冷却了再搬动。投胎时，阿赖耶识功能先到。

擒贼先擒王

以阿赖耶识来看，前面七个识都成外境。就是我们现在的意识、思想，都是它的外层作用。我们打坐起来，都在那里玩第六意识的表层，认为在做功夫。真正的佛法做功夫从根本上来，从阿赖耶识下手。我们身心两方面，不过是第八识的一部分。

有同学来讲："比量、非量都是现量。"对的。拿现量境来说，十方三世一切众生、诸佛，不管是非量也是现量，是阿赖耶识冒的烟而已。唯识论上则是限于权分凡圣的范围来讲，有三量之别，真研究经论才知道这个同学讲得对，非量也是现量，不过是所现非量而已；比量也是现量，现的是比量而已。

大家用功，不要落在第六意识的浮层上，应深穷此理，从第八阿赖耶识下手，前面七识的境浪都不理，即空即有，非空非有，那就不得了。"才闻性觉之宗，便登圣地"，刚一听到明心见性这些话，你已经登上成圣成佛之途了。这里只是大概介绍了一点阿赖耶识。

要"识"货

《密严经》讲，阿赖耶识如殊胜宝贝，不识宝的人轻贱它，识货的人知是无价之宝，尤其拿给皇帝作皇冠，更成了稀世之宝。一般人不认识自己本身有宝，而造业堕落。成了佛是什么东西成佛？是我们本有的宝拿出来擦亮，如美玉用水洗净，越来越美。普通人的这块宝，等于以苔衣包起，在生死里头滚，因为后天的习气把它缠住了。

> "于此赖耶识，有二取生相；如蛇有二头，随乐而同往。
> 赖耶亦如是，与诸色相俱；一切诸世间，取之以为色。"

在没有成道以前，缠着后天习气的阿赖耶识，变成了有毒的东西，这是一头；而其实它也可形成另一种气质，不一样的心行活动，这是另一头，如两头蛇一样，随你取其中一头为主，而去发生各种活动现象。当习气成了那样子，往那一方向发展，整个识的活动也如两头蛇一样，这一头随着那一头移了，一切物理世界色相存在着，它就存在，它的存在形成林林总总的各种世界。比方我们的细胞都是阿赖耶识变的，剃了一个指头，那个指头的细胞不久就死亡了。这时我们的阿赖耶识是否少了一个指头？没有。那个指头化成灰了，也是我们阿赖耶识全体中的一部分，没有离开阿赖耶识。一切世间的形形色色，都借阿赖耶识的体用而来。

要从这个道理去体会心性，那才晓得自己心性是什么功能。所以它现在存在着时，同现实世界是相合的。

24

"恶觉者迷惑，计为我我所；若有若非有，自在作世间。

赖耶虽变现，体性恒甚深；于诸无智人，悉不能觉了。"

一切物理世界都是阿赖耶识变的。不懂的人迷住了，认为有个我，实际上无我。你说无我，那个无我的真我，还是有个我。此中分别很麻烦。

你说空也可，叫它有也可，它能够随心所欲而不逾矩，非常自在。这个世界的造成，都是唯心所造。它能够变化一切万有，体性非常深妙。可惜我们被自己本身迷住了，没有智慧，不能觉，不能了，所以变成凡夫。能够觉，能够了，自己找出生命的本源就成佛了。

第二十三讲

忍教哀乐作主翁

入世出世两相宜

唯心唯寂

如实如用

忍教哀乐作主翁

第二月

大权示现大作小

法施第一教为先

性相同一家

入世出世两相宜

以上说明经教的重要，亦即一个修证的人，必须把经教，包括学说，和修行功夫合一，不能偏废。接下来就谈到经典所提心与识的课题。

研究唯识，事相上比较枯燥乏味，但其中道理深奥，这同时说明了一个原则，大家晓得佛法大乘精神的道理，"**必出世者，方能入世**"，你先要发起跳出世间困扰的出离心，自心无私无累无怨，才有本事入世。入世，大而言之，救世救人；小而言之，创造事业。否则，"**世缘易堕**"，没有出世的真精神、真心性，就谈入世的圣人事业，容易被世间因缘牵引堕落。

反过来说，"**必入世者，方能出世**"，专门走修行路子的人，尤其出家人，必须要能深入世间，要透彻人情世故、明了世法，才能够谈出世，否则"**空处难持**"，掉在枯槁的空洞里，难以保持真空。佛法谈空，空的味道并不是好受的。此为出世、入世，在家、出家讲修持最重要的道理。

唯心唯寂

> 是以若能觉了，即察动心，万缘万境，皆从此起；若心不动，诸事寂然，入如实门，住无分别。如《入楞伽经》偈云："但有心动转，皆是世俗法；不复起转生，见世是自心。来者是事生，去者是事灭；如实知去来，不复生分别。"

青年同学可能觉得这些文字易懂，然而我们却认为非常难懂。难懂在什么地方呢？因为这是翻译的文学，永明寿禅师本身的文学境界，引发为文字的般若，太明白太动人了！因此我们有可能被它优美的辞藻困住了！

譬如我们发现一般青年人读书，不仅粗心大意、不深入，喜欢反传统，尤其喜欢夹带外文。我常常听到很多朋友说看不懂中国书，但是到美国看外国人的翻译却看懂了。我说这样啊！那我们几十年白活了！为什么看外国人的翻译容易懂？皮毛的皮毛嘛！当然容易懂。啃不到骨头啃皮毛，结果我们把皮毛外边刮一点下来说懂了，这不是笑话吗！我们发现这类事实很多。

"是以若能觉了，即察动心，万境万缘，皆从此起"，所以，如果能随时警觉、觉察到自己起心动念，万境万缘都是因为自己心念动了所发生的。随时觉察自己的思想：想什么？做什么？修行本来是这个路子。我们心念动得很厉害，尤其年纪大了失眠睡不着，这个念头、那个念头停止不了。不过，失眠的时候还容易觉察到。这个容易觉察的念头是粗的；细的念头则不易觉察。一个人反省功夫能够觉察到细的动念，已经达到一半圣人的境界了。此话希望青年同学记住就是，不是低估了你们，因修养功夫不到，不会真懂这句话。

如果一个人能够觉了，"即察动心，万境万缘，皆从此起"，换句话说，做到对人对事、喜怒哀乐、烦恼不烦恼，乃至看到物质世界的一切现象等等，都能清清楚楚。"万境万缘"四字包含很多，包含一切的境界、一切的因缘；因缘又包括人事的动向、物理的功能、感情的、心理的等等。这样你就会觉察到，这些境缘都是因为自己心念动了所发生的。

"若心不动"，假使心完全不动呢？"诸事寂然"，一切万境万缘就非常清净，本来寂灭。这样就可以证到"如实"。注意！"如实"是佛学名词，就是中国人讲的般若、悟道、证道的境界，住在无分别境界，对万事万物不起分别作用。

如实如用

接着问题来了，这是大家读书要注意的地方，后世一般讲佛学、讲修养多半被这些文字盖住了。他们偏重什么呢？偏重"不动心就是道"的观念，如同孟子说自己四十不动心一样。如果不动心就是道，那么，白痴、脑神经坏的人，乃至植物人活着躺在床上，什么都不知，那不是更好、更不动心？对不对？

这是个大问题，在这个问题中又有一个逻辑问题：怎么才叫不动心？永明寿禅师只说心不动，一切事寂然、寂灭清净。那么，我们还可以提出：假使我们对一切外缘不动心，心里只有一个清净，保持这个清净算不算动心呢？对，算动心。这也是一缘一境，保持那个清净也是动心。要注意这个道理，所谓禅宗就是要深入的参究，你保持心境永远的清净也是动心。

后世许多儒家反对佛家这些话。老实讲，儒家的反对，是因为对佛学没有真正深入。不管名气多大的理学家，都没有彻底深入佛学。话又说回来，如果深入佛学，就不走理学的路子，也不叫理学家了。他们虽然不深入佛学，但站在儒家理学的立场，其批评也对了一半。

理学家认为《中庸》所言："喜怒哀乐之未发谓之中，发而皆中节谓之和。中也者天下之大本也；和也者天下之达道也。致中和，天地位焉，万物育焉"是道。这是对的，心可以动，不能说心不能动。动而不离中、得其用，动则不动也；不动则动也，这才是正确的道理。理学家这一半话对了，可是境界始终不大，只接近而还不到形而上最高的本体。

对于这个问题，此节并没有答复，后文有，先保留。这是告诉青年同学，看佛经，不能因为文字懂就马虎看过去。

《楞伽经》是禅宗、唯识宗的宝典，这部佛经说："但有心动转，皆是世俗法。"心一动转，就是世俗法。"不复起转生"，世间上一切外境皆是自心所造，因此说，世间法一切外境皆是来去生灭分别而来。真能够如实知，这一知去来就不复生分别了。拿普通话来讲，永远不会一波未平又一波地转到另一个生命境界。反而转到菩萨的无生法忍，生而不生，不生而生。

"见世是自心"，此是指心里一接触世俗上外界一切事情，心就起作用，其实世事是唯心所造。"来者是事生"，外缘一引动，心里就有这个印象、这个事。"去者是事灭"，事情过去，心里上这个事就灭了。

老实讲，"去者是事灭"这句话我们世俗的人做不到。修道如同镜子一般，事情来了，有思想、有念头、有感情；镜中一切有我的影像。事情过去了，心里没事；镜子马上恢复它的清净、空灵。一般人不能这样，如果能做到人来事生，过去事灭，此人不叫做是人，是圣人。永明寿禅师叫我们修养"来者事生，去者事灭"，事情来了，心里就有事；事情过了，心里就没事。事情的来去就是个现实问题；现实，佛经就叫"如实"。

忍教哀乐作主翁

"如实知去来"，来了晓得来；去了知道去，有一个灵明觉知的在。"灵明觉知"四个字是佛学名词，灵灵明明，对于事情的来去之间，你有一个知道。这个能知的作用，不属于生灭来去、是非善恶、喜怒哀乐的上面。

例如我们欢喜，一边知道笑，一边也知道肚子笑痛了不能再笑。那个知道自己肚子笑痛的那一知不在笑的上面，那一知没有笑。笑的时候知道笑，控制不了；知道不要再笑了，一面还继续笑，心在事中有二、三个作用在。又譬如发脾气，明知自己争不过对方，骂两句差不多，不要再骂，第三句还是骂出来。那个知道自己不应该生气、不应该骂的那一知不属于生气。

这些心理的现象都是来去的现象，有一个一知，都不属于来去、是非、善恶、喜怒、哀乐的。所以我们要做到"如实知去来"，这个叫做不起分别，"不复生分别"，所谓不生分别是指"这个"。

这里又有个问题：一般人讲中国哲学思想，提到《中庸》所言"喜怒哀乐之未发谓之中"，认为喜怒哀乐是心理状态。不对！喜怒哀乐不是人性的本性，喜怒哀乐是情。如果认为喜怒哀乐是性的作用，那错了！虽然好学，但未加以深思。本性非喜怒哀乐，而情绪上有喜怒哀乐。所以说"喜怒哀乐之未发谓之中，发而皆中节谓之和"，乃偏向由情绪引导到达心性修养状态的说法。

喜怒哀乐是情绪，有一半是属于生理的，这就关系到修养问题。庄子说，人到了中年，哀乐已不大起作用，好像很平和；实际上，这不是真正修养的功夫，那是身体衰败，没办法。所以这方面的喜怒哀乐与生理有关系，属于情绪。"天命之谓性"，能知之性不属于喜怒哀乐。由这个道理，我们晓得佛家讲的不生分别，是指能知之本性分别而不生分别，喜怒哀乐只是分别所现的情形而已。如果认为把心理的状况压下去，像石头压草一般，什么都不动叫做不分别，那何必修道？吃麻醉药使脑神经麻痹，岂不更干脆？什么都不动不叫道，如果这是道，那所谓一切唯心的道理就错了，那叫一切唯物。这其中的道理要搞清楚。

第二月

因此，我们再回转来看永明寿禅师引用《楞伽经》偈说："但有心动转，皆是世俗法"，心的转动都是世俗法，非超世俗法。超世俗法是分别而不分别，换句话说，我们的心，纵然修养到随时保持清明、随时保持清净一念不起，在佛学真正的修持上，保持灵明觉知也是世俗法。《楞伽经》偈说得很明白，这还属于外道法。在另一部很有名的《楞严经》里，说到五十种阴魔，把声闻、缘觉也打入外道范围，四禅八定、四果罗汉都不是真正的悟道。

《楞严经》开始便提及："内守幽闲，犹是法尘分别影事"，这两句真是翻译得太好了！在文学的修养上，真要顶礼膜拜。"内守幽闲"，清幽、闲逸，没有喜怒哀乐。假使我们认为保持这种内心的清净、空灵，一念不生是道，就错了。那不是道，是一种功夫，一种享受。什么道理呢？因为这还是法尘、意识的境界。意根相对外境的叫法尘，也就是对外境所起的分别心的第二个影像。等于我们长久居住在繁忙的闹市中，突然转换到另一个清净的山中，明月当空，清风徐来，四顾无人，独立高山听流水，好舒服、好清净啊！这个清净是比较来的，亦即唯识学的"比量"来的。

一个人突然从闹中脱离，感觉换了一个境界，这个清净是意识上的影事，第二重投影，是比量来的。我相信本来就住在山林中的人或猴子，并不觉得这个是清净。可见这个心理作用是比量。这就说明"但有心动转，皆是世俗法"，转动到清净面也是转动，只不过把闹转到清净上。

接下来又是另一节：

大权示现大作小

又若执经论无益，翻成诸圣虚功，则西土上德耳闻，徒劳结集。

一般人如果认为学佛，光用功就好，不需要看经典，"翻成诸圣虚此方大权菩萨，何假翻经？

有一种菩萨叫大权菩萨。权者，权变也。密宗有些菩萨叫大神变菩萨，也就是权变。根据佛经，大权变菩萨是八地以上至十地菩萨境界才能做得到。一切入世有成就的人，包括治世的圣君贤臣和许多大居士，并不一定出家，有许多都是大权菩萨化身，大权菩萨当然也会示现出家相来度世。菩萨就是有道之士。出世法早已成就才有资格来谈入世，此之谓大权变，看似走反面道路，实际上是以反面形态，在世间出现广行教化。永明寿禅师阐释得非常好。中国佛教许多好的著作，都是在家居士所作。在家人的著作往往都要挨当时人的骂，过后却非看其著作不可，此所谓大权变菩萨也！因为永明寿禅师到底是出家人，根据佛制而出家，不好意思太捧在家人，只好根据佛经说："**大权菩萨，何假翻经？**"何须翻译经典？他以大权菩萨的说法来涵盖各种演绎佛法的事业。

如抱沉疴之人，不须妙药；似迷险道之者，曷用导师？

这是宋代写大文章的体裁，尤其皇帝发表宰相、大臣的宣诏，古代称麻书，麻制的黄纸，故宫大约还保留一点这方面资料，后来民间也喜用黄纸。我们经常可以从历史记载、文学作品上看到书麻，也就是皇帝起用内阁大员，将此人的品德、才能以及皇帝对此人的赏识，以一定的格式，恰到中肯地书写在麻纸上，次日早朝宣诏。古代这类对仗句子的书麻文告，素来是大文章的极品。永明寿禅师现在用的就是这种对仗体裁，道理是说，假使不用经典，就等于一个人重病了不要吃药，在危险的地方迷路了不要向导。

> 良医终不救无病之人，导师亦不引识路之者。嘉肴美膳，岂可劝饱人之餐；异宝奇珍，未必动廉士之念。

这几句是倒装法。嘉肴美膳，必定劝不了肚子饱的人；珍奇异宝，也打动不了不稀罕物资享受的廉洁之士。如果说佛经翻得完全没有用处，那是否大家都悟道了呢？一般人认为这是对宋代禅宗的批驳，学古德外相，只要打坐，一念悟道，根本不要看经，做功夫就行，有道才有用。但须知教理不深入，功夫上不了路，没有用的。下面又是另一节：

> 见与不见，全在心知；行之不行，唯关意密。实不敢以己妨于上上机人，但一心为报佛恩，依教略而纂录。如漏管中之见，莫测义天；似偷壁罅之光，焉禅法日？

永明寿禅师著作《宗镜录》非常用心，不是一个人做，而是集合全国数百位有修持，对佛学有研究的高僧、居士，搜集资料编纂，等于一个编译馆，由他当总编辑，出题目、做修正。有一点我们必须知道，永明寿禅师系一名武将出身，文学修养造诣非常高，文武全才，带兵时就悟道，被吴越王发现，结果，很高兴地奉命出家。

他的文字修养非常非常高，在这里我们可以看出他不放过每一个字。"见与不见，全在心知"，他没有说"全在心行"，心行是心理行为，是一种事用。见道与不见道是见地方面的事；行是功德、功夫方面的事，所以说"见与不见，全在心知"。关于行为呢？"诸恶莫作，众善奉行"，心行之行为则"行之不行，唯关意密"，这就关系心意识起行的作用这种高度的奥密。所以大权菩萨出世入世两路，真行菩萨道，而为外人所不知。这一类都属于大权菩萨，是意密，以现代观念来讲，是大密宗、大密行。

"实不敢以己妨于上上机人"，他说我编这部书，并不是以个人的意见妨碍诸位上上根人。这是对当时禅宗大不满之处，因为学禅宗到了宋代已经发生流弊，不研究经典，只想悟道。今天悟了，明天又不悟；后天再悟了一点，大后天又"误"了。后世禅人多半如此，还自认是上上根机的人。所以永明寿禅师说，对不起，编辑此书"实不敢以己妨碍上上机人，但一心为报佛恩"，他说明自己的志向是为报佛恩。"依教略而纂录"，依据佛经的教理，把与修持有关的编辑在一起。下面是他谦虚的话："如漏管中之见，莫测义天"，像一支管子的一点小漏洞，这一点阙陋的见解算不了什么，没有办法推测第一义天。义天是佛学名词，天者，至高无上；义者，理也，理性之意。这后世也叫"性天"，代表道体，以现代东西文化交流的新观念而言，就是形而上的本体。

"似偷壁蟀之光，焉禅法日"，他所作的也等于偷到从墙壁裂缝照进来的一点灯光而已。永明寿禅师非常谦虚，也把道理说完了，你不要以为这一点不是佛法，这一点也就是佛法。青年同学可以效法两件事：一方面学习永明寿禅师高明的文学修养；第二点，你看他真是一位大权菩萨的气势，既谦虚，又把道理说明，还把人骂了，可是绝看不出教训人的迹象。现在大家写白话文一样可以模仿，白话文不过变一变句子，道理还是一样。

法施第一教为先

今遵慈敕，教有明文。法尔沙门，须具三施；三施之内，法施为先。

我现在遵照佛慈悲的意旨，这个是永明寿禅师高度的秘密。以宗教的立场，有人说他是弥勒菩萨的化身。弥勒菩萨就是大慈氏，他这个慈救有没有此意，我们不知道，以表面文字解释，则是奉行佛的慈悲的教理。

经典中有明文规定，出家人必须随时做到布施。布施有三种：内布施、外布施、无畏布施。内布施就是精神布施、法布施，譬如教育家所做精神、知识、学问、文化的布施是无价的，其功德大于外布施。外布施是财物的布施，做好事、帮助他人、出钱出力等等。无畏，就是不怕，什么叫无畏布施？譬如拯救一个失去信心的人，可能要扯谎。这时的扯谎是善性，一个人到了灰心边缘，你告诉他：不要紧，站起来，有办法；不行的，我帮忙，一定给你做到。其实你也做不到，你只要先把他救住，以后还有转机。实际上自己犯不犯戒？犯戒，这叫方便妄语，精神支持叫人家不要怕、活下去，动机上属无畏布施。

永明寿禅师说，出家人必须具备三施，三施之内法施为先，尤其精神的布施。这一段说明他著作本书的动机是抱着法布施的观念作的。

性相同一家

　　此八识心王，性相分量，上至极圣，下至凡夫，本末推穷，悉皆具足，只于明昧，得失似分。

文章一气呵成，为了讲书方便，暂时在此切一段落。

他说明八识心体的作用。唯识宗把心的体分成八个部分作说明，因而叫八识。八识是一心的现象，又叫"八识心王"，并不是说八识以外，还有一个当皇帝的心王坐在那里，八识就是心王，整个心的作用。

"性相分量"，性相是佛学的两大宗。"性宗"就是般若宗，般若宗讲性、形而上之体，一般又称空宗。像《金刚经》《心经》，照见五蕴皆空、度一切苦厄、四大皆空等等之说。"相宗"讲唯识法相，又称唯识宗，先由宇宙形而下的现象、事物了解起，透过现象达到性，所以叫相宗。一般认为相宗属有。所以有"谈空说有"之说，严格来说，二者只是教育路线、表达的方法不同，根本则是一样的。这是关于性相两宗名词的解释，前面讲过，但何以要再加说明提起大家的注意呢？唯识宗很少谈到性，因为八识心王的相透彻了，自然了解性。

唯识宗的翻译到中国，有"三性"的名词，一般研究佛学的，一看到唯识宗的三性之性，把它当成般若本体，那就错了。怪也只怪中国文字辞汇少，喜欢简略，一字多方借用。例如中国文化的"天"字，研究上古文化有数个作用、意义。形而上的宇宙，或看得到的天体叫天；很神秘的上帝或佛也叫天；有时"天"还代表了心理作用，有时也代表原则。这个文字的道理搞不清楚，随便念一本书就搞错了！"性"字也一样，现代年轻人讲性欲问题用这个性；本体问题用这个性；般若、唯识也用这个性。《成唯识论》讲的"三无性"是：相无性、生无性、胜义无性。①《显扬圣教论》说的"三自性"是：遍计自性、依他自性、圆成自性。②这"三无性"或"三自性"，其实都是针对同一事情的不同角度的命名而已，却把大家弄糊涂了。

编　案：

①《成唯识论》讲的"三无性"：

一、相无性：一切众生于世间之相，处处计著，执为实有。佛为除此妄执，说一切法皆无自性，故名相无性。

二、生无性：一切诸法皆托因缘和合而生，本无自性，故名生无性。

三、胜义无性：前述相无性、生无性，因破众生妄执之情，假说无性，非性全无。是故佛说胜义无性，谓真如胜义之性，远离遍计妄执之性，故名胜义无性。

②《显扬圣教论》讲的"三自性"：

一、遍计自性：谓众生迷惑，不了诸法本空，妄于我身及一切法，周遍计度，一一执为实有，故名遍计自性。

二、依他自性：谓所有诸法，皆依众缘相应而起，都无自性，唯是虚妄，故名依他自性。

三、圆成自性：谓真如自性，不迁不变，圆满成就，故名圆成自性。

第二十四讲
天水潺潺谁解饮

性相不二

有人以为唯识宗的三自性、三无性教义，与般若宗或禅宗所讲的明心见性的性有冲突。当然，对佛学深入一点的不会搞错，一般研究佛学则容易弄错，道理何在？因为不论是三自性或三无性，都是指一般形而下万有的性质，是刹那变化无常的，因此万有一切现象不能永恒存在，但有一个全属于阿赖耶识会变的缘起。因此，与佛法基本上形而上本体这个性空的自性观念没有两样。

"此八识心王，性相分量"，性相分量四个字是古文，由此看出古文与白话文写作不同之处。以现在的观念必须分开解释，其中性相有般若形而上的性空，以及唯识法相的道理；分是四分：相分、见分、自证分、证自证分；量是三量：现量、比量、非量。性相二字是年轻同学读古文感到麻烦的地方，不过我们走文学教育出身的，觉得这么写反而简洁明白了，每个名词不但记在脑子里，还记到肠子里、"入藏"了，一辈子忘不掉。

凡圣之间

永明寿禅师说关于性相分量的道理，"上至极圣，下至凡夫"，上至已经成了佛的圣人，下至一个普通人、愚夫愚妇，"本末推穷，悉皆具足"，不论普通人乃至成就的圣人，统统具备心性的功能作用。换句话说，愚夫愚妇的本性生命功能里，就具备当圣人的能缘。反过来说，一个成圣成佛的人，他的本性成就难道没有凡夫那一套吗？都有，不过都转化了，所以说"上至极圣，下至凡夫，本末推穷，悉皆具足"。

那么，为什么有圣人与凡夫的不同呢？

"只于明昧，得失似分"，一个人明白了、悟了道便成圣人；一个人迷糊、没有悟即是凡夫。注意"似分"二字用得厉害，凡夫与圣人好像有分别，这告诉了你：凡夫即圣人，圣人即凡夫。

名　牢

我常常告诉大家一个禅宗公案。明朝末年，一位叫密云悟的大禅师，了不起，他过世后，清军入关。密云悟禅师与六祖一样，没有读过书，打柴出身，智慧很高，后来出家悟道，成为一代禅宗大师，声闻全国。①

密云悟禅师与憨山大师不同，憨山大师是明末四大老之一，有学问，不仅名动公卿，甚至名动帝王，神宗及其皇太后都是他的皈依弟子。憨山大师非常高明，晓得大名之下不能久居，除非涅槃，否则一定出毛病。后来果然出问题，坐过牢，而与他同时的四大老之一紫柏真可大师竟坐牢而死。②

密云悟禅师学问没有憨山大师高，但是名气则在憨山大师之上，他深知名是毒，到处请他当大和尚都不去，不过也住持好几个大庙子，弟子很多。他悟了道后，学问自然好起来。但诸位青年同学莫以此为标榜，你们经常拿六祖来对付我，只要打坐不要读书，悟道学问就来了，年轻人以这个为借口，不可以。

天水潺潺谁解饮

密云悟禅师悟道后学问好，有人问他，儒家《中庸》上说："夫妇之愚，可以与知焉；及其至也，虽圣人亦有所不知焉。"一般男女生活行为之间都可以懂得道，但是推到形而上最高处，连悟道的圣人也不知道。就是说，凡夫都有道，都知道，到了最高处，谁也不知道。这是什么话？这怎么解释？问此话的人都是当代第一流的学问家，功名皆在进士、翰林以上，官好、学问好、道德也好才问得出来。这密云悟怎么说？那真是庙子上千古名言：

> 具足凡夫法，凡夫不知，凡夫若知，即是圣人；
> 具足圣人法，圣人不会，圣人若会，即是凡夫。[③]

42

一切凡夫都具备，但凡夫不知，凡夫如果知道这个就是，立刻变成圣人；到了圣人悟了道呢？他不会觉得有道，如果圣人还保持一个有道的样子，这个圣人就变成凡夫。悟了道的人，这一悟没有悟的形迹，如果自觉得了道，是圣人，那是剩下来的人、昏人。真圣人、得了道的人，不觉得自己有道，否则乃盗也。

所以"得失似分"，好像悟道，又好像没有，这"似"字用得好极了！"只于明昧，得失似分"，凡夫与圣人一样都具备，以佛法来讲，每一个众生都具有成佛的东西在自己生命中，只是你没有找出来。

> 诸圣了之，成真如妙用，尽未来际，建佛事门。

一切圣人悟了道，了了这个识，那就不叫阿赖耶识，而叫真如，换了一个名称。悟后起用叫妙用。宇宙中本具这股力量绵绵不绝，悟道者尽未来际，所作所为皆是佛事，永远不再迷昧。

> 众生昧之，为烦恼尘劳，从无始来，造生死事。

一切众生迷住了。所以中国佛教精神注重迷与悟，迷的人并没有少样东西，譬如在暗室中，未少一物，只是看不见而已！等到一有亮光，什么都看见，也没有多一样东西，迷悟之间就是如此。

> 于日用中，以不识故，莫辩心王与心所，宁知内尘与外尘。

"于日用中"根据《中庸》"百姓日用而不知"的成语而来。我们平常用的心就是道，因为自己不悟，"莫辩心王与心所"，分不出哪个是心王，哪个是心所的作用；因此也不知道什么是内尘，什么是外尘。

守静是内尘

注意内尘与外尘的差别。一般学佛，外尘容易分辨，譬如我的对面是诸位，诸位是外尘，因为诸位引起我里面动脑筋。内尘在里面，看不见，劳心烦恼、七情六欲、喜怒哀乐都是内尘，一般人检查不出。

比如大家修行学佛，尽管打坐一天，并不喜欢，并不快乐，坐在那里强忍，看起来像在修行用功，实际上在煎熬。道家干脆得很，讲修行是焚修，像在火里烧一样难受，又想下座到外面玩一玩，又想这样不对，不是修道人。坐在那里烦得很，腿子又发麻，心里头越坐越烦躁，真是焚修啊！这些东西属粗的内尘，还容易找到；如果觉得心里一念不生很清净，万事干扰不了，那正是大内尘，"犹是法尘分别影事"。

认为悟了道，有境界、有功夫，被功夫或道的包袱困住了，那怎么叫解脱？那是功夫的包袱，清净也是包袱，两者包袱不同，清净的包袱是白布所捆；烦恼的包袱是黑布所捆，全是内尘。一般人认不清自己心性本体能所功能的作用，"宁知内尘与外尘"，分不清内尘、外尘。

智眼方识宝

> 如有目之人，处暗室之内，犹生盲之者，居宝藏之中。

两个比方：等于有眼睛的人在黑暗的房间中，什么都看不见，你不能说自己没有眼睛，可惜没有智慧的光明；另一个比喻：就像没有眼睛的瞎子在宝库中，当然找不到宝物。这两重比方，很妙，也等于说明内尘与外尘的道理。

> 无般若之光，何由辩真识伪；阙智眼之鉴，焉能别宝探珠。遂乃以妄为真，执常为断。不应作而作，投虚妄之苦轮；不应思而思，集颠倒之恶业。

这是对仗的文字，很容易懂，不需要浪费大家的时间，主要是说明般若智慧的重要，所以我经常大声疾呼，成佛悟道是智慧的成就，不是功夫，但是也离不开功夫。功夫不到，你本有的智慧不会开发，而如果执著功夫是道，那就错了，因此般若非常重要。没有智慧的光明，不能分辨真道非道、正道外道；缺了智眼的光明，就没有办法找到真正的宝藏，于是"以妄为真，执常为断"，把假的看做真的，将本具的认为不存在。"不应作而作，投虚妄之苦轮"，这是很严重的一段话，换句话说，作修养功夫所用的方法，理搞不清楚，修了半天都是"不应作而作"，结果跳进了"虚妄之苦轮"，一如白居易的诗所警示："空花岂得兼求果，阳焰如何更觅鱼？"就是这个道理。

"不应思而思"，不应该想，不应用心而用心，这是指修持方面讲。"集颠倒之恶业"，想思多累，心思不断的人要多加注意，应该把这两句话写下来，作为座右铭鞭策自己。你不要以为只是思想一下，没有做出行为，这也是造业，叫思业，思业的果报也很严重。

良师益友难得

只为不遇出世道友，未闻无上圆诠。任自胸襟，纵我情性。取一期之暂乐，积万劫之余殃。以日继时，罔知罔觉；从生至老，不省不思。以无明俱时而生，以无明俱时而死。从一暗室，投一暗室；出一苦轮，入一苦轮。历劫逾生，未有休日；此生他世，几是脱时。

一篇劝世之文，劝导世界上的人。以前我们都说永明寿禅师专门说老太婆的话，啰啰嗦嗦一大堆，现在年纪大了、老了，也喜欢说劝世文，因为加上几十年人生经验，每一句话都明白易懂，变成劝世文章，每句话也都很严重。

"不遇出世道友"，老师、朋友、善知识、道友之难找。"未闻无上圆诠"，听不到宇宙生命圆满的解释。善知识难逢，明师良友难求，因此，东方文化儒释道三家非常注重良师益友，良师亦是益友。换句话说，人，即使是第一流的圣人，开始的时候，多半还是受依他起的影响，靠良师、靠人的影响。完全不靠人的影响而悟道非常不容易。

譬如大家喜欢讲禅宗六祖的公案，六祖起初上山打柴，上街卖柴，听到外地客人在旅馆念《金刚经》，闻"应无所住而生其心"若有所悟。这位外江佬鼓励他到湖北黄梅向五祖弘忍求法，并且为六祖出路费，供养六祖老母。现在大家修六祖的庙，后面应该供外江佬才对，那位外江佬才是六祖真正的良师益友。大家都是俗话说的："新娘进洞房，媒人抛出墙。"大家光念阿弥陀佛，阿弥陀佛是释迦牟尼佛介绍来的！怎么就忘了释迦牟尼佛？所以东方文化非常注重师友，佛经中尤其再三强调善知识的重要。出世的道友更难，出世的道友已经悟道，跳出三界，因此能告诉我们"无上圆诠"，凡夫遇不到便一直迷糊下去了。

莫逞一时快

"任自胸襟，纵我情性"，这是一般人的通病。有些人讲话：我认为怎么样。我说：这样啊！那就听你的。你认为怎么样，何必来问我，对了就好了嘛！这叫"任自胸襟，纵我情性"。其实良师益友也并不是太难求，只要你真能够尽其事谦虚地学，这当然很不容易啊！老实讲，这些都是辛苦了几十年才体会到的。早年读这些经典，不觉得有什么了不起，永明寿老太婆禅，啰嗦！年轻时自己就犯了这八个字的错。

"取一期之暂乐，积万劫之余殃"，年轻任性，执著一时的快乐，不晓得自己所造之业，报应留到万劫不能转。"以日继时，罔知罔觉"。老婆禅又来了，夜以继日皆在盲目的任性中。"从生至老，不省不思"，不肯反省、不肯思想。"以无明俱时而生，以无明俱时而死"，这些都是永明寿老婆禅的文章，来的时候莫名其妙的来，死的时候莫名其妙的走。所以有些学佛的老朋友，见了面会互相调侃地说："你弄明白一点走好不好！"但也还有同学告诉我"不想悟道"，"为什么？"假使弄清楚了死很不舒服！反正糊涂的来糊涂的走。我说好，你真是天下第一人，有勇气。

地狱有三禅

佛经上记载释迦牟尼佛与堂兄弟提婆达多的故事，提婆达多反对释迦牟尼佛，处处与佛作对，危害佛，甚至叫人从山上搬大石头要压死佛，结果被佛的一位有神通的弟子一扫把把石头挡回去，佛的大拇趾还因此被碎片弹伤。佛这位有神通的弟子原来不识字，佛教他念扫把，念了扫字忘了把，念了把字忘了扫，搞了好多年，后来悟道，晓得扫把就是这个，扫得干干净净。提婆达多最后活着下地狱，据说，他下地狱的地方还在，此为"生身下地狱"。

佛到八十一岁快要涅槃时，堂弟阿难怜悯堂兄提婆达多，请佛救他，佛说不是不救他，是他不肯出来，大丈夫说不出来就不出来。阿难问为什么？佛告诉阿难，提婆达多在地狱里有三禅天之乐，比色界天当天主还快乐。阿难不信，佛示神通让阿难入地狱，果然看到提婆达多，阿难求他忏悔出离地狱，他告诉阿难，在此有三禅天之乐，印证佛所言不虚，把阿难搞得莫名其妙，向佛请示。

佛说罗汉知道八万劫以前的事，八万劫以外的事不知，提婆达多是早已成就的大权菩萨，专现魔王身跟佛捣蛋，岂只捣蛋一辈子，佛多生累劫开始学佛的第一个老师就是提婆达多，后来生生世世跟着佛捣乱。有一生佛变成虱子，提婆达多就变成跳蚤害佛。虱子问跳蚤在哪里吃得又黑又亮蹦蹦跳跳，跳蚤叫虱子到打坐的胖罗汉身上，结果初果罗汉杀生习气未断，一指头就把虱子掐死。

诸如此类，佛讲了许多过去生的因缘，提婆达多总是与佛作对，令佛难堪。释迦牟尼佛说他永远永远感谢提婆达多，提婆达多是早已成就的人，故意现反面作反教育，所以他有本事下地狱，功夫到了不肯出来，佛最后才把这个大秘密揭穿。当然他不是"以无明俱时而生"，也不是"以无明俱时而死"，提婆达多敢在地狱轮转，因为他有这个本事。

我们不同，我们是盲目地在滚，永明寿禅师形容凡夫是"从一暗室，投一暗室；出一苦轮，入一苦轮"。"历劫逾生，未有休日；此身他世，几是脱时"，永远没有解脱的时候。

一灯照破千年暗

是以照之如镜，何法而不明；归之如海，何川而不入。若千年暗室，破之唯一灯；

暗了一千年的房间，刹那间点亮一支蜡烛划破黑暗，禅宗顿悟到的道理就是如此，真正悟到那个理，一灯而破千年暗室，一千年的无明破了。

无始尘劳，照之唯一观。

大家做功夫修止观观不起来，佛经上说："观自在菩萨……照见五蕴皆空"，这一照就到了，很容易，什么顿悟不顿悟。顿悟很容易，就是前面所说："千年暗室，破之唯一灯"，怎么点亮这一灯？不难，就是这一念之间："无始尘劳，照之唯一观"，一观照，无始尘劳就破掉了。

佛法但由省力得

此具足诠旨，信入而不动神情；成现法门，谛了而匪劳心力。

"具足诠旨"，一切众生本来具备，个个都是佛，为什么我们不能成佛？自己把自己关在黑暗房间中，只要把你生命本有的智慧之火点燃，念佛也好、念咒子也好、作观想也好、参禅也好，不管什么法门都是这根洋火，一引就出来了。"信入而不动神情"，一信就进入这个境界，不需挤眉弄眼。其实有很多朋友，房间早已经亮了，自己不知道，到处去找，结果又把开关关掉，聪明反被聪明误。动都不要动就悟道了，这是现成的法门。"谛了而匪劳心力"，真悟了，也不用心也不费力，早就到了。

> 若更不信，徒抱昏迷，深嘱后贤，无失法利。

假使你真的信不过，我这里有好酒好菜请大家，赶快来研究我这份资料，集中了佛的宝贝，等你来拿。"深嘱后贤"，我们都是他的后贤。"无失法利"，不要失去这个利益。

现在讲到生死大事，我们可以给它立一个小标题，也就是佛经上常用的成语"生死事大"。

大势一到　大势已去

> 故《法华经》偈云："不求大势佛，及与断苦法；深入诸邪见，以苦欲舍苦；为是众生故，而起大悲心。"

我们晓得修西方极乐净土所供奉的西方三圣，中间是阿弥陀佛，两旁是大势至菩萨和观世音菩萨。大势至，至者到也，也是大势至佛，过去已成佛。两位都是阿弥陀佛的助手，将来阿弥陀佛退休，由观世音菩萨即位，名号也叫阿弥陀；再继位的大势至，名号也叫阿弥陀，从此西方极乐净土只有一个名号阿弥陀。佛经记载很多佛，有千佛、万佛，名号各有不同，各有其所代表的哲学意义。

现在先推开佛经来说，世法也就是佛法。大家应该看过近代一本小说《老残游记》，刘鹗作的。中国文人没有不研究佛学的，凡在佛学中有心得，文章诗词境界就高。《老残游记》表达许多佛法精神，其中谈到清朝末年，他已经看到时代的苦难。他说做了一个梦，看到海边一艘破船在狂风骤浪中，大家要抢救这只船。这是他早已看到国家民族前途的危机。

后来他在桃花山上看到一位朋友题的诗："回首沧桑五百年"，哟！不得了！刘鹗描写自己遇到神仙，那一段描写得真好！山上茅篷有个隐士，穿着黄袍子，相貌古色古香，刘鹗称他前辈神仙，起码有五百岁，老先生哈哈大笑，说自己跟刘鹗差不多岁数。诗呢？他回答："诗人多半打妄语，作诗吹得越大越好。"刘鹗恍然大悟，文人多半吹大牛。后来两人谈到清朝末年国家民族的命运，不得了，中间很多隐语，替皇帝宗室、中华民族算命，算得很对。唉！后来两人感叹那怎么办？刘鹗说我告诉你："一切宗教有个什么人最大？"那个人想了半天说："如来佛。""不是，如来佛管不了事。""上帝？""也不行。"上帝怕魔鬼，魔鬼力量和上帝一样。他问哪一个最大？"有个叫势力尊者大势至，大势到的时候，上帝也都莫办法，上帝都怕势力尊者。"为什么念佛的人拜大势至菩萨？生命到了医院最后的时候，大势至菩萨来接引你了。那个时候你不要再想上个氧气多留几天，不必了！大势已到，请帖接到就走。

编 案：

① 密云圆悟（一五六六——一六四三），江苏人，俗姓蒋，八岁能念佛，十五岁耕樵为生，二十六岁看《坛经》，知有宗门。二十九岁，安置妻室，投

于幻有正传出家。尝作偈云："野衲横身四海中，端然迥出须弥峰；举头天外豁惺眼，俯视十方世界风。万聚丛中我独尊，独尊那怕聚纷纭；头头头色非他物，大地乾坤一口吞。十方世界恣横眠，那管东西南北天；唯我独尊全体现，人来问著只粗拳。"

② 憨山德清（一五四六——六二三），金陵人，俗姓蔡，十二岁入南京报恩寺。三十岁，结茅北台龙门。一日粥罢经行，忽然立定而不见身心，唯一大光明藏，如大圆镜，影显山河大地；有偈云："瞥然一念狂心歇，内外根尘俱洞彻；翻身触破太虚空，万象森罗从此灭。"因发悟无人印证，即展《楞伽经》印证，八个月，经旨了然。五十岁时，坐以私创寺院，遣戍雷州，在狱八阅月。

紫柏真可（一五四二——六〇三），江苏人，号达观。尝闻诵张拙偈，至"断除烦恼重增病，趋向真如亦是邪"而大疑。一日斋次，忽悟。后以遭忌受陷，被捕拷讯，神色自若，仅以三负对："憨山不归，则我出世一大负；矿税不止，则我救世一大负；传灯未续，则我慧命一大负。"余无他言。刑部欲处死，可曰："世法如此，久住为何？"索浴罢，嘱侍者性田曰："吾去矣！幸谢江南诸护法。"却饮食，说《转生歌》。至黎明，索姜汤嗽齿，坐地唱毗卢遮那佛数声，闭目不语。曹学程，走来云："师去得好。"开目微笑而逝。

③ 宋代龙济绍修禅师，曾说："具足凡夫法，凡夫不知。具足圣人法，圣人不会。圣人若会，即是凡夫。凡夫若知，即是圣人。"此处所说，疑是密云悟禅师引用而略作调整。

第二十五讲
呼吸牵来是业风

面团法门

磁场与定力

由呼吸转化业力

无求得大势

苦由观念错误来

悟力不思议

正念万法基

一心最威德

跳伞三昧

生灭因得生灭果

百年刹那间

学佛须发广大心

我们前面提过大势佛，每一位佛的名号都有其佛法上的意义。所谓大势就是"时间到"，业力的力量到了某一个程度，无法挽回。所以称念大势至菩萨，在宗教情感上，是在求大势至菩萨加持，这是宗教方面的祈求。如果真正从佛法修持的功夫上着手，就是要把身心与时空的关系，那一股不可挽回的力量拉回来，亦即"反其道而行"，甚至把这股力量定位，此所谓"定慧等持"，功夫的实力不可少。

54

面团法门

如果谈到打坐、修定，人不能没有呼吸，也不能没有思想。初禅做到念住，是把思想定住，定在一个境界上，而不是没有思想；没有思想是不可能的。我常常比方，我们的思想像一堆面粉，面粉因风而起，四处飞扬；如果面粉加水放在某一定点慢慢碾动，逐渐和入所有飘扬的面粉，就裹成一团面。做功夫修定，感觉到念头空了；实际上，空的境界正是念头，正是一团面粉。大家不要听了这个观念，去观面粉，那就糟糕了！那对生理影响非常严重。我只是打个比方，定是这个道理。思想起初到处飞扬，靠修定功夫慢慢澄清下来。

再打一个比方，修定做功夫，不管是念佛、观想或参禅，像吸铁石吸引铁粉的作用，细铁粉渐被吸铁石吸住不动。当然，你们也不要把自己当作吸铁石；不过打起坐来，确实有吸铁石的作用，人体是有这妙用。

磁场与定力

埃及金字塔有一定的高度尺码，我曾经作过实验，制作一个小金字塔，对好南北极，戴在头上打坐，很容易凝定住。这就是利用宇宙的磁场道理，有助身心得止。外国也做了很多实验，法国放射学家马夏,把一块新鲜的肉放在小金字塔中间,一星期后肉没有臭,仍然新鲜。这种作用当然对人体关系很大。布拉格的无线电工程师窦巴尔把钝的刀片摆在小金字塔三分之一高的纸板上一个礼拜,又可以使用,可见磁场作用非常大。

所以有一派道家、密宗,主张早晨打坐要对着东方,如何把南北极摆好,是有一点道理,当然其中还有很多问题,那么初步是这样一个作用,身体内部像吸铁石一样,有凝定的作用。把念凝定住了,使自然飞扬的业力定住,普通叫功夫;学佛的人加上许多神秘的佛法的外衣,那又另当别论!

由呼吸转化业力

那么,这是心理方面,由心理方面自然会配合到生理方面,慢慢配合呼吸的往来。一个心浮气躁的人,呼吸特别粗,这其中又有二点要做研究。我经常说学佛是科学,不要完全搞迷信。男性事情繁杂会心浮气躁,女性也一样,但是两者不同。女性平常身体的劳动、运动不像男性。有些女性的呼吸本来就很微弱,但这并不表示其思想轻灵,反而跟男性思想一样粗浮。男女情形相反,即阴阳相反的道理。

先站在男性立场讲,由粗浮的呼吸,透过静坐、修定,变得呼吸轻微,乃至变成很长的呼吸。所谓长呼吸是呼吸缓慢,功夫到了某个境界,很久才吸进一下,很久才呼出一点,一呼一吸之间的时间距离比较长,也就是说,呼与吸中间的距离拉长了,这才是真正的"长呼吸"。一般做功夫的人看到古书上写"长呼吸",完了,拼命做很长的呼吸,这样反而把妄念的力量增强了。因此越坐妄念越大,越不能定,此乃理不明。所以学佛修道不论做任何功夫,明理是非常的重要,有它的学理。

如此，呼吸间距离慢慢拉长，甚至到达好像没有呼吸，是谓"胎息"。但一般人做功夫又搞错了，以为胎息是用小腹呼吸（胎儿呼吸）。搞了半天，功夫是有了，肚子也大了。所谓"胎息"是呼吸非常慢，气一吸进来，自然晓得充满全身，甚至到达足尖，每一毛细孔均知吸进来，无形的；然后呼出去也是无形的、很轻松的。深长的、无形的呼吸才是真"胎息"。有许多人做功夫说自己已经得到胎息，不用鼻子呼吸，在肚脐呼吸。我说很好，将来卖肉一定多两个钱，因为肚子长成一大堆肉。那不是真的胎息，不要搞错了！

当然，慢慢没有呼吸以外，还有很多其他现象，血脉流动缓慢，甚至似流不流；心脏很慢才动一下，好像患了心脏病快要死了！其实不是。那么，学佛打坐真做功夫，这些现象都会出现，这些现象违反常律。平常的呼吸一来一往，血液顺脉循环，念头纷飞；可是功夫做得细了，便不一样。可以说，这股业力有非常大的转动力量，现在它慢慢反转来走慢了，这就是自然与生命的一种秘密，由此你的一切当然可以有某程度的控制。

无求得大势

求大势佛要自求多福，自己要求达到这个程度。佛菩萨能够加持你，所谓加持只是照应你一下，你自己要修才行。所以一个人"**不求大势佛，及与断苦法**"，那就可怜了。"**断苦法**"就是佛法！人生没有哪一样不苦，"**有求皆苦**"，世界上求名求利求一切，有求都是苦。那么不求名求利，求佛法苦不苦？还是苦。"**人到无求品自高**"，达到了真无所求，那就是佛的境界。所以有求一定苦，不管求哪一样，求出世法何尝不在求？但是佛法对此点让人明白，要能无求，须从佛学、求佛助，以达无所求之大势力，改变人生。

那么"**断苦法**"呢？怎么样才能断苦？无求，真达到无为法，中文叫无为；佛经梵文即涅槃，毕竟的无为。人到无求即无苦，所以说一个人必须向这个路上走。断苦的原理是"无求"，但无求谈何容易！无求就是要了心。什么人去求？我去求，我为什么求？我"心"想求。了心才能无求断苦，此心不了不能断苦。

苦由观念错误来

接下来，讲到世界上有很多人追求真理、追求超越人生，乃至于学佛修道用各种方法，结果走错了路，"**深入诸邪见**"。邪见与正见的确很难分辨，哪样是正的？哪样是邪的？大邪是否就绝对不正呢？老子有两句名言："大音希声""大智若愚"值得深思。大家学佛用功夫，所知所见要深思好学，更要读经典，不要自认这一点聪明就是正见，这正是我见，往往着了邪见而不知道。

"**深入诸邪见，以苦欲舍苦**"，什么叫邪见？邪见容易引起苦。譬如我们做功夫，如果今天打坐功夫没有得到大快乐，你不能说这个是正道，其中有问题。至于真得到了，知见正确，当下一念，比较性的快乐一定得到；否则，你的方法、知见一定有问题。我常说打坐熬腿多苦啊！哪里是修定？这就是"**以苦欲舍苦**"，想以苦行舍弃人世间的痛苦得究竟解脱，这是错误的。佛说众生大部分都是走这样错误的路，自己还以为是正道。因此佛说"**为是众生故，而起大悲心**"，我的教化就是为了世上这么多走错路子的人。

悟力不思议

为不依正觉广大威势之力，及正念一心法威德力，于心外取法，成诸邪见；以生灭为因，以生灭为果；本出生死，重增生死。为是等故，而起大悲，拔其妄苦。

"正觉"即梵文的菩提。什么是不依正觉？前两天有青年同学跟我讨论到觉悟的觉："迷路了，忽然发觉刚才走错方向算不算悟？"我说："也算悟啊！"中国人讲睡觉的"觉"也是觉悟之觉，睡醒了即是觉醒了。觉有很多，包括世间法、出世法。"正觉"即明白身心性命的根本，乃至宇宙万物的根本，所谓明心见性，是见到这个程度谓之菩提。正觉不是一般所谓的觉，因此有些经典不翻这个"觉"字，只翻原文叫菩提，觉字很难翻，就是悟到生命的本来。

为了一切众生不依正觉，不依正觉的智慧，下面有个名词："*广大威势之力*"，这个"*广大威势之力*"是功夫的、修持的境界。譬如打坐，有时身上会产生腰酸背痛、头痛等等痛苦的反应，你要晓得这也是自己生命广大威势的力量。此广大威势力量有二层：

第一层：平常未经修持，生理心理没有转化，一身都是业力，这个业力是痛苦的业力；现在经过修持，慢慢在转化，这一股正气所起的力量与业力在互相消长，于是产生我们感受到的痛苦，所以这个时候有广大威势之力。

第二层：凡夫众生的业力也不可思议，威力大得很。譬如这个世界经常有思想的威势之力的邪见一来，世界上死多少人？又如一个人脑子一动，杀人的武器像死光的发明，就是众生业力的威势之力。这个力量转过来，就变成佛菩萨智慧神通、救苦救难之力，同样都是广大威神之力，这是指实际的功夫方面而言。有人说打坐容易走火入魔，其实根本就没有魔，自己智慧没有搞清楚，变成入魔。魔力是自己造的，佛力也是自己造的，广大威势之力是这个。

58

正念万法基

其次,一切众生不晓得"正念一心法咸德力",这要注意一个东西,我们晓得佛的修法有三十七道品,这是显教的,不管密宗也好、净土也好、禅宗也好、天台也好,修法原理都离不开三十七道品。三十七道品基本上分四个架构,四念处:心念处、身念处、受念处、法念处。实际上感受当然属于身念处;法呢? 意识的思想,一切世法、出世法都属于心念处,换句话说,三十七道品的修法全在身心两者。由四念处的修法,最后达于八正道(正见、正思维、正语、正业、正命、正精进、正念、正定)的正念。①

什么是正念? 譬如今天修净土,认清理论,今天只念佛就是正念。它有一个范围,站在今天修净土法门的立场来讲,我只有念佛这一法门是正念,其他任何一念进来,乃至其他佛菩萨之念进来皆非正念。刚才比喻过面粉,粉裹好了是正念。如果站在其他宗派,修密宗念咒子或观想的立场呢? 今天念咒子这一念是正念,其他都不是。那么站在空念的立场,今天什么都不念,空空洞洞的是正念,其他都不是。正念是念的力量。以禅宗立场而言,禅宗讲无念是正念;拿唯识、净土或密宗立场讲,以有念为正念。

当然,正念有范围,我们可以再定一个范围,凡是能使身心安乐、安详的,就是正念;身心感受不安乐、不安详即非正念。归纳起来,正念并非说空念才是正念,说我念佛这一念不是正念,那不对的;也不能说只有念佛这一念是正念,空念是非正念,也不对。八万四千法门,方便修习,立场不同。

那么,所谓正念,是有念,不是无念。在座诸位有许多学禅的,假使真能够忘记身心,一念空空洞洞的,本来无一物,你经常昼夜如此，这个就是正念，可是你不能说它是空，这也是一念，不过在空念中而已。以四禅八定来讲，那属空无边处定，但还达不到真正无边处，只不过有一个小空的境界而已，这就是正念。如果完全无念而修，坐下就坐下，什么都不管、什么都不知道，那叫顽空；不过顽空也是一念，非正念而已！

所以正念的道理要认清楚，换句话说，念念都在正念中就是定、就是慧。譬如修白骨观的，念念都在白骨这一影像中，乃至走路、吃饭、做事，一切昼夜在此中，这是正念。其他的念头，能不能做事？能啊！能不能讲话？能啊！那个是正念以外的旁用，没有关系，这一念始终不变去，这是正念。一得正念当然得定，当然止观具备，当然包括一切。修净土的净土就到了；修禅的禅的境界也到了；修密的密的境界也到了。所以，佛法的原理离不开正念。

一心最威德

为什么修这个法？永明寿禅师说，因为一切凡夫众生不懂正念一心法。大家如果了解这个道理，什么禅啊、密啊、净土，一切法门就是这一法门，正念一心。所谓提起正念就是这一念。

许多修这个法门的说那个法门不是正念，修红观音的说修白观音的不是正念，这样一来，你自己那个根本都不是正念。谁是正念？正念在无念，无念在念而不念、不念而念，是谓正念。此所以研究教理之重要，理通了以后，你才晓得"方便有多门，归元无二路"，八万四千法门样样都是对的，不过修持要提起正念。正念的道理，前面已经以面粉、吸铁石做过譬喻，你确定以这一法门修持，昼夜二六时中，行住坐卧，都是这一念存在。以此去修，不论在家出家，没有不成就的。

为什么不能成就？平常的修持根本没有用正念一心法，用正念这一念把它定住。所谓定，是把它钉住，譬如挂物一般，很简单。大家不融会贯通世法、佛法，一天到晚打坐要修定，完了，一脑子乱七八糟的邪见都来了！什么神秘主义啦、定又怎么样啦……一大堆。不修道学佛还好，一修道学佛乱用那些佛道名词，钉了一脑子的名牌。结果一脑子非正念，叫做"经念"，神经之经，那就糟了！佛法非常简单、非常明白——"正念一心法"。

正念以后，一切无知吗？那怎么叫正念！当然一切皆知，不过，知的没有关系，只有这一念。譬如台北市很多道路，我们从东门这里到火车站，哪一条是我的正路？往中和的路与我不相干，因为我的目标是到火车站。这一条是我的正路，你不能说其他的不是路，那你全错了！因此，我们要晓得"正念一心法"的道理。懂了"正念一心法"的道理以后，心的功能、自性的功能就会起大威德之力，心力之强大矣！此所以"正念一心法威德力"之故。这个威德的力量可以了生死，可以去生老病死的痛苦，然而我们搞不清楚正念一心法，所以威德之力起不来。

一切凡夫众生"于心外取法，成诸邪见"，都在心外求法而成外道。一切功夫、一切境界、身心内外放光、身体能飞起，这些都是唯心的威德力量，人人可以做到，我们每一个人的生命本有，都具备这个功能；为什么做不到？不会"正念一心法"。做到了也不稀奇，能在空中走路有什么奇怪？

跳伞三昧

譬如前天跟孩子谈空中跳伞的经验，自三千公尺的高空跳到地面八分钟。有时在空中碰到气流，人在空中转，上不去下不来有个把钟头，怎么办？那只好由它转，把重心稳住，转到相当程度，把握住机会下来。结论是完全靠智慧，这个时候要灵光，如何求生存？是智慧。假使外在境界碰到气流，就像空中跳伞一样，只要把自己稳住，这就是定。外界的大势力、风向、气流的回旋，你无法抵挡，不等这个力量过去，你下不来，等于我们修持一样，此时唯有定，心更要静定。我问他慌不慌？他说慌啊！那下一步呢？他说我早知道，下一步不对就是死，没有第二个字。

同样的，修持的道理也是如此。所以，你只要放下、定住，心里的威德就起来。在跳伞空中，此时不可能有外力的帮助，在那个大力量的轮回、大气流的回旋中，外力被那股回流的力量挡住进不来。实际上，那股气流的力量也是空的，它本身空，空的东西一起动时，其威力之大无法想像。唯空能够成一切法；成就一切法都是空的力量。空也能破一切法。物理的道理也一样，原子弹爆破的强大威力，也是空的力量。宇宙万有的功能，也是靠空的宁静才起来，所以《心经》上说"色即是空，空即是色"，清清楚楚。

生灭因得生灭果

"于心外取法"，不要随便骂人家外道。以佛的眼光看，声闻、缘觉、四禅八定、四果罗汉都还是外道。心外求法，没有回转来，不知道一切威力、智慧功能，都是一心所造。因此，一般修行的人"以生灭为因，以生灭为果"。凡夫眼睛看到所谓的因果是生灭法，不识因果的体，只看到因果的用。

譬如大家常用的比喻：种瓜得瓜，种豆得豆，这是世间法的现象，生灭的因果。瓜种下去之后慢慢成长，最后又结成一个瓜，当种子种下去，到后来结成瓜时，那种子的功能，亦即现象、作用早就空掉，前因已经过去，只看到新结的瓜的后果。而且新结的瓜中有种子，已经产生另一个前因在其中，因中有果，果中有因，因果同时，这个因果现象是生灭的因果。我们这么一反省，晓得平常了解的因果是生灭的因果；不生不灭是"非因缘、非自然性"，此所以佛法的道理既高深又简易。

凡夫以生灭为因，以生灭为果，譬如念佛，一天念十万遍，一个月念三百万遍，不得了，功德积在那里好像做生意赚钱一样，这是以生灭心来计算生灭法。又如打坐，一天坐三次，比别人多加中午一次，坐在那里以生灭心修，一下观肚脐，一下搞这里弄那里，不打坐效果就没有，以生灭心在修行。以生灭的因，所得是生灭的果，有生就有灭，有灭就有生。佛法以无生为因，所得为无生之果，若没有在正念、正心、正道的因地上下手，搞的全是错误的路子，所以说一切众生"以生灭为因，以生灭为果"。

永明寿禅师说，本来众生为了跳出生死而修行，然而不学佛修道还好，一学佛修道"重增生死"，跳不出生死，更增加生死业力。换句话说，自性本来无生灭，无生也无死，用不着去了它，因为我们提了一个观念要去了生死，因此"重增生死"。

诸佛菩萨"为是等故"，为众生有这样多的错误而起大悲心。所有佛的讲经说法、八万四千法门为了什么？为了"拔其妄苦"，拔去众生根本妄想、生灭妄生的痛苦。众生本来没有痛苦，都是自寻烦恼；把自寻烦恼的根拔除，是诸佛菩萨教化的用心。下面申述理由：

百年刹那间

以生死是众苦之本，虽年百岁，犹若刹那。如东逝之长波，似西垂之残照，击石之星火，骤隙之迅驹，风里之微灯，草头之悬露，临崖之朽树，烁目之电光。

永明寿禅师的才气横溢，文采风流，一写文章，好像控制不住笔下才情，文字光芒四射，真是美极了！都形容尽了。他这段提出生死的问题，生死是一切众生痛苦的根本，生死乃众苦之本，所以说"**死生之事大矣!**"生死是个大问题，人活着固然苦，如果叫你忘了痛，否则下一分钟就要死，你一定马上忘，因为最大的痛苦就是死，死的问题太恐怖。人虽有百年寿命，回头一看，刹那之间过去，我加一句，要"回头一看"。我经常体会到，现在老了，回头一看当年，好像俱在目前；向前面一看，自己还觉得前途无量呢！老年人不要有心灵空虚、来日无多的心境，这种心境受衰老之威胁，很要命。算不定活它三千年，要有这个志气，心里不受威胁，就算明天要死，你当还有一万年，多舒服。

我经常跟年轻人一起跑步、做事，逗他们说自己老了拿不动了，实际上我的心理没有这个观念，要拿就拿，我从来没有年老与年轻的观念，年轻不觉得年轻，老也不必觉得老。但是我们众生可怜哪！"**虽年百岁，犹若刹那。如东逝之长波……**"，这些劝告的话，我称之为劝世文，年轻人应该听；老年人可以不必听。滚滚长江东逝水，百年还若刹那短。"**似西垂之残照**"，太阳下山，一下子就天黑了。接下来都是形容的文辞，不须再解释。

学佛须发广大心

若不遇正法，广大修行，则万劫沉沦，虚生浪死。

这是警告之语。他说我们学佛法一定要求得真正的菩提正法。得了正法之后，还要"广大修行"，这个很严重。据我个人经验发现，大多数学宗教、学佛的人，心境反而变得不广大。搞上这玩意儿，心如浅洼小池，是要命的！学佛修行是发广大心，换句话说，慈悲就是爱一切众生，虽然做不到，心向往之，才是广大的修行。一切难行能行，难忍能忍才是菩萨道。

不过，据我所接触的经验，一碰这玩意，往往变得"狭小修行"，而且有一个最大的毛病，一搞修行，看别人都不对，因为别人不修行，就觉得不对，这非广大修行，千万要注意！尤其中国人喜欢念观世音，观音菩萨是"大慈大悲广大灵感"，要注意"广大"二字，心量胸襟不广大，不能发大心，不是学佛的正路。这话不是我说，现在手边就有："若不遇正法，广大修行，则万劫沉沦，虚生浪死"，跳不出生死。

得了正法，没有广大修行都不行，况且我们还未得正法！假定有人得了正法，就像具备竞选美国总统的资格条件，然而你的功德不圆满，声望不够，对社会没有贡献、功劳，别人不知道你，就不是广大修行。福德与智慧必须双重圆满，福德由广大修行来，尤其青年同学学佛的特别注意！广大修行几乎没有人做到，更可怕的是越来越狭小，这是我深深感觉到的，今天特别提出来，希望诸位与我共同勉励。

编　案：

①《瑜伽师地论》二十九卷，从正见起依次阐述，至"成就如是正精进者，由四念住增上力故，得无颠倒九种行相所摄正念，能摄九种行相心住，是名正念，及与正定"。并供卓参。

第二十六讲
生死两幻命何寄

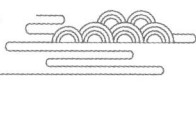

死　谜

> 如《大涅槃经》云："复次菩萨，修于死想，观是寿命，常为
> 无量怨仇所绕，念念损减，无有增长。犹山瀑水，不得停住；亦如
> 朝露，势不久停；如囚趣市，步步近死；如牵牛羊，诣于屠所。"

《大涅槃经》是佛快要圆寂的时候说的。永明寿禅师现在引用此经讨论生死的问题，后世学禅宗的首先就标榜"了生死"。其实生死不是个问题，但是一般常人的心理，对死有极大的恐惧，生的问题还觉次要。大家仔细想想为什么？死了很恐怖，怕死的痛苦吗？对不起！我们都没有经验，如果我晓得死后的痛苦，一定来告诉你，可是谁都没有经验过。那么我们可以想像，死的痛苦和病的痛苦差不多，总而言之，就是很痛苦。

仔细研究，我们人生活着并不痛快，痛苦耶！不过是慢慢地、细细地痛。人生的遭遇，过去，忘记了，回想起来越想越痛，犹如古人比方"钝刀割肉"。快刀割肉当下还不觉得痛，等流出血来才知道痛。钝刀是慢慢地割、折磨。佛家有句话叫人不要化缘，"劝人出钱如钝刀割肉"，当场拿给你没有关系，过后越想越不是味道。我们人生一切都在"钝刀割肉"中。死有什么苦？我们感觉死后恐怖，是不知道死后是怎么一回事，对不对？我们下意识真正觉得死之可怕，倒并不一定为了痛苦，如果知道死后没有什么事，我们一定不在乎。

庄子曾经说了一个笑话比方得非常妙，不知是真是假，也许庄子死过。他说骊戎有一位小姐，被晋献公选进宫当妃子，这女子同西施一样是乡下人，一听到进宫，痛哭不已，因为古代女子选进宫，很难再和家人见面，假使不得宠，一辈子是宫里丫头，也不放出来；得宠

成了妃子，回娘家父母也痛苦，一家人先跪在门口接驾，进屋才行家人之礼，拜见父母。吃饭时，妃子坐上位，父母坐下位陪着，还不敢乱吃菜，这个味道不好受。庄子说这个进宫的女子后来当了晋公的妃子，享尽荣华富贵，想想当初真是哭得冤枉。庄子说，假定死后也是这种情形，那么死前的哭就哭得没理由。庄子为何有这段比方？难道庄子是死后复活再写？他也跟我们一样，写这个故事之前没有死过。

生死事小

中国文化素来不把生死看成大事，战国时代道家思想发达，道家求长生不老、修神仙，正式把这个问题提出来。战国之后经过七、八百年，佛家思想逐渐传入中国，与道家思想不谋而合。所以，中国原始观念对于生死看法并没有什么，大禹等传统文化的圣人都讲："生者寄也，死者归也"。活着是寄居旅馆，死是回家，生寄死归是中国文化思想的根本。

《易经》思想认为，生是阳面、是动力；死是阴面、是休息；盈虚消长而已。"消息"是《易经》名词，很有意思，"消"是成长，有哲学意义，如一朵生长的花，又如电能，成长正是它的消耗；"息"，表面上看起来是死亡，其实是未来生命成长的准备和充实，因此"息"也可以说是充电。它说一个生命活久了应该死亡；电池用久了应该充电，再来就是了嘛！此之谓"生生不已"，所以中国文化始终以"早晨"的观念看待生命。

昼夜之道

要如何了解阴阳消息，盈虚消长的道理呢？孔子在《易经·系传》

上说："明乎昼夜之道而知。"你了解白天和夜晚的道理，就知道阴阳的道理。有了白天，就一定要休息一夜，这个休息是为了明天的白天，另外的生长。后来有位禅师悟了道，把孔子这句话加上二个字："明乎昼夜之道而知生死。"道理更清楚了。

所以中国的本有文化，对生死问题素来抱持这样的看法，当然这种看法属于一般知识分子，亦即古人所说的君子，不是一般小人或没有受过教育的平民。不过，据我所了解，有许多平民、乡下人都是大哲学家，你问他怎么那么苦？"那是我的命嘛！"他一个命字就道尽一切，这是我们所看到的乡下人。像我的父亲，三十多岁就把棺材做好，坟地修好，不愿将来麻烦别人，他的好几个朋友也都那么做，中国人对这个事情本来看得很平常。

睡时主人公何在

佛家难道就没有如此豁达吗？我想佛家也一样看得通，佛经有很多话与中国文化的看法没有两样，问题在于：生如白天，死如睡眠。换句话说，我们把生死拿开了，我们睡觉究竟睡到哪里去了？这是一个大问题。有关睡觉，虽然外国曾做过不少睡觉时生理反应的研究，而弗洛伊德《梦的解析》也以其潜意识理论而轰动全球，但也不是毫无争议的最后定论。如果再加深入而全面的作专题研究，则又是一门最新的科学，是博士论文的题目。

人睡觉的样子有千百种姿态，在部队带过兵，过过团体生活的就知道，一百个人睡觉，有一百种不同的睡相，而且睡相比死相难看，死相差不多就是那个样子，睡相则有张嘴歪唇、有趴着、弓着、有笑、有哭、有发脾气、有讲梦话的，如果把这些资料收集起来研究，学问可大了，而且观察别人睡眠久了，这人睡着是不是在做梦？做些什么梦？你站在旁边就可以知道，他睡觉的表情——喜怒哀乐完全表达出来了。我们睡了一辈子觉，不知自己睡到哪里去。

睡觉法门

观察一个人睡觉，可见这个人还在活动，他没有真睡着。有人做过梦的研究，一个人做了很长的梦，梦中几十年，其实最长不会超过五分钟。所以根据医学和我的体验、观察，一个人真正睡着觉最多只有两个钟头，其余都是浪费时间，躺在枕头上做梦，没有哪个人不做梦。至于醒来觉得自己没有做梦，那是因为他忘记了。

通常一个人睡两个钟头就够，为什么有人要睡七、八个钟头？那是你赖床躺在枕头上休息的习惯养成的，并非我们需要那么久的睡眠时间，尤其打坐做功夫的人晓得，正午只要闭眼真正睡着三分钟，等于睡两个钟头，不过要对好正午的时间。夜晚则要在正子时睡着，五分钟等于六个钟头。这个时间的学问又大了，同宇宙法则、地球法则、《易经》阴阳的道理有关系，而且你会感觉到，心脏下面硬是有一股力量降下来，与丹田的力量融合，所谓"水火既济"，忽然有一下，那你睡眠够了，精神百倍。

所以失眠或真要夜里熬夜的人，正子时的时刻，哪怕二十分钟也一定要睡，睡不着也要训练自己睡着。过了正子时大约十二点半以后，你不会想睡了，这很糟糕。更严重的，到了天快亮，四、五点，五、六点卯时的时候，你又困得想睡，这时如果一睡，一天都会昏头。所以想从事熬夜工作的人，正子时，即使有天大的事也要摆下来，睡它半个小时；到了卯时想睡觉千万不要睡，那一天精神就够了。不过失眠的人都挨过十二点，在床上翻来覆去睡不着，结果快天亮睡着了，到第二天下午都昏头昏脑，因此你会感觉失眠、睡眠不足，实际上是你没有经验，不懂。

梦中梦

为什么讲到这个道理呢？刚才说我们睡觉睡到哪里去了？真不知道！换言之，我们现在清醒，清醒在哪里也不知道。我们经常形容"人生如梦"，如果我是那个梦，一定提出抗议，为什么那么看不起我，醒了才觉得我是梦，当没有醒的时候，梦里很舒服。我们醒了觉得睡眠是梦，大家忘记了一点，我们醒了不过是从那个梦境进入这个梦境而已！现在我们也正在做梦，此所谓大梦。这个大梦哪一天清醒还不知道！而且很难！因为我们有一个强横霸道，自以为是的妄认，妄认自己现在是清醒的，其实正如庄子所言，等到有一天我们大睡而去，才觉得这个梦做得很长，这两头的事都很难讲。

做人要明白

因此归纳起来，生死是个大问题是指这件事而言，如果不解释，很容易错认死的痛苦是个问题。换句话说，人生非常可怜，活了一辈子，不晓得自己怎么活？为什么而活？活着的力量是什么？对生老病死的过程一概不知。最近我深深感觉到很多人不会照顾自己，连怎么病了都不知道，来跟我一谈，我告诉他怎么病的，他才说是这个样子。

我们生老病死，没有一点在清醒中，所谓菩提者正觉也，一切都要清清楚楚。学佛的人要有一个个性，跳下悬崖会死，跳下去整个过程也要看得清楚。等于当年躲防空警报，在洞里糊里糊涂，怎么被炸死、闷死的都不知。因此我一定钻出洞，躺在外面看飞机怎么飞过来，炸弹怎么掉下来，那才有意思。我们人活着，也同此理，要把自己弄清楚，怎么病了？怎么跌倒？怎么爬起来？都要晓得，如果不晓得，不是学佛的精神。

念死不怕死

佛讲《涅槃经》时告诉我们做"死想"，"复次菩萨修于死想"，这个很重要。最近两年特别向诸位提出来，因为看到这个社会一般走修持路子的人，尤其看到后世形式的佛法特别兴旺，正法没落，非常悲哀。研究佛当年归纳的修持有十念法：念佛、念法、念僧、念戒、念施、念天、念休息、念安那般那（简译安般，即出入息）、念身、念死，不论小乘大乘不离此。

诸位不论信仰什么宗教，当然，站在佛教的立场最好信佛教，信了佛教学打坐，为什么？怕死，这不叫念死，念死与怕死有差别。学佛法第一个要念死，也就是说，人要晓得自己随时会死。戒律有四句话："崇高必定堕落，积聚必有销散，聚会终有别离，有命咸归于死。"借用《红楼梦》里的话："冤债偿清好散场，不是冤家不聚头，冤家聚头几时休？"有一天冤债偿清就散场，聚会终有别离，有命咸归于死，凡是活着的生命，最后归宿终要死亡。"纵使经百劫，所做业不亡，因缘会遇时，果报还自受"，"自净其意，是诸佛教"，这是研究戒律时常见的，也是守戒的基本原则。

念死，人总归要死，我们随时要做死想，做最后的打算，我觉得这个观念非常好。也许理学家只看半边，批驳佛家思想消极，我不以为然，一个人如果随时存"死想"，就可以产生大无畏的精神，做儒家所说的忠臣、义夫、节妇、烈士，乃至舍身报国，人本来如此，死的账一定来，没有不来的。所以修白骨观就是叫你做死想，肉烂了变成白骨还不算数，白骨还要化成灰，这个很公道。道家谓"道者，盗也"，我们偷盗宇宙万物贡献我们生命的成长，最后化为白骨扬灰还给它，很公道，还归于自然。死想是第一步。

恩怨相随

"观是寿命，常为无量怨仇所绕"。永明寿禅师叫我们认识清楚，现有生命活着本来有许多冤家聚会。人生境界何以谓怨仇聚会？这个哲学《红楼梦》写得最好，完全表达了佛经这句话的意思。"常为无量怨仇所绕"，感情越好越是冤债，所以说不是冤家不聚头，冤家聚头几时休？一个人对我们好，不知来生怎么报？我说来生再爱你，把你爱死去，爱得有时受不了。道家也懂这个道理："恩生于害，害生于恩"，这两句话非常深奥。中国原始道家，如黄帝《阴符经》，里面讲的是政治、哲学、兵法、修道的大道理。"恩生于害"，你给人家太多慈悲、太多恩惠，等于教育一个孩子，爱他反而害了他，恩里就生害。在政治上也一样，做一个领导人，对一个人太好，反作用会出来。譬如教育，父母、老师教孩子打他手心、屁股，以西方文化的观念认为这样不合理，其实这是希望他好。刑法判一个做错事的人受刑，不是妨害自由，而是在害里教育他。同样的道理，我们爱惜自己的身体，吃特别营养的东西，"害生于恩"，营养太好了容易生癌症。山里的乡巴佬，穷兮兮的，一天吃点红薯过生活，过去也没有什么维他命、维你命、维我命的，影子都没看过，结果他们活八、九十岁，"恩生于害"，反而长命。

所以，我们这个生命，严格地讲，佛说得没有错，"常为无量怨仇所绕"，家人、父子、子女等等都是怨仇而来，来讨债的，而且是善讨，最好的讨债方法。如果有人要组织讨债公司，最好用善意的面孔去讨，天天跪着求他还债，或者天天在他门口烧香、阿弥陀佛。人生就是这个境界，生命活着总是"无量怨仇所绕"，看文章很简单，要多去想，无量包涵很多重的意义，大家要跳出自己的浅见，多方面去体会这人生的奇妙情节。

动静一身心

"念念损减"，当我们生下来一有思想，每一个念头起来，都是在念念损耗，减少我们生命的力量。所以为什么修道得四禅八定的人，可以返老还童、祛病延年？因为他念头减少损耗。这个生命也像电池一样，节省着用，就保持得久。那么，消耗力量最大的不是体能，是思想、念头、心力，体能多活动有益处。这是两重宇宙，你们要注意，尤其修道的，青年同学、学哲学的更留意，体能在静态是不健康的，所谓"户枢不蠹，流水不腐"，过去大陆上的老房子，门槛下有一根木条（门斗），老式的门一开一关，嘎的一声，因为经常动，门斗开来开去，永远发亮，不会生蛀虫。"流水不腐"，流动的水不会发臭，水停百日就生蛆。所以身体的气血要正常流动。

有人反问打坐并没有劳动，你可不要搞错，打坐是身体正常的运动，因为打坐心念空了，气血流行上了轨道，平常气血流行没有规律，有时岔到外面乱跑。所以打坐在身体来讲是个大动，不是大静；在心境来讲是静，这是两重世界、两重宇宙。这个道理搞不通，学佛修道，包你永无修成之日。这些都是秘诀，不卖的，现在都贡献给各位，要珍惜它！

等死的人生

所以，我们生命消耗最厉害的是思想，念念在损减，这比体能劳动要严重多了。"无有增长"，所以我们没有办法使生命增加、回转起来。

"犹山瀑水，不得停住"，这个生命像高山流水，永远向下流，停止不了。

"亦如朝露，势不久停"，又如早晨的露水，迅即消失。

"如囚趣市，步步近死"，就像即将受处决的囚犯，游街示众，一步一步接近死亡。

"如牵牛羊，诣于屠所"，等于把牛羊牵到屠宰场一样。

我们的生命就是这样。这是佛经的形容，属于印度文化，详细、繁复。庄子呢？他说五个字："不亡以待尽"，人生下来虽然没有死，看似活着，其实在等死而已！

命逝胜光速

> "迦叶菩萨言：'世尊，云何智者观念念灭？''善男子！譬如四人皆善射术，聚在一处，各射一方，俱作是念：我等四箭，俱发俱坠。复有一人作是念言：如是四箭，及其未坠，我能一时以手接取。'"

佛以射箭打比方。有四个人射箭打靶，古代是拉弓射箭，现在是开枪射击。大家向同一方向射出，子弹、弓箭一出去，就开始向下坠，因为有地心引力，射击手在心中估算射程目标，开始打高一点，否则到了目标一定打不中。但是，箭射出去再远一定坠，而中间很快用手接住不使它坠下是很难想像的。

> "'善男子！如是之人可说疾否？'"

"迦叶菩萨言:'如是,世尊。'"

佛问迦叶,这样的人速度快不快?迦叶说快啊!当然快,箭一射出,此人轻功功夫高,一个箭步飞快,在中途把四箭都接住。

"佛言:'善男子!地行鬼疾,复速是人。'"

有一种鬼叫地行鬼,在地上行走,比刚才所说接箭高手的速度还要快。这是佛的比方。

"'有飞行鬼,复速地行。'"

有半空中飞行的鬼,比地行鬼的速度更快。

"'四天王疾,复速飞行。'"

还有更快的。靠近天际日月的四大天王的天人,比飞行鬼的速度更快。

"'日月神天,复速四天王。'"

日月天神的天主其速又超过四大天王。

"'坚疾天,复疾日月。'"

再高一层,坚疾天天人比太阳系天人还要快。然而这些都不算快。

　　"'众生寿命，复速坚疾。'"

　　只有众生寿命死亡得最快。

　　佛说的道理只能做比方看。每个宗教教主，都是世界上第一会比喻的人，没有人超过他们。我们一看比喻得好，却忘了这是个实际的事，为什么？假使我们拿历史的时间来看，中国历史五千年，看我们几十年的生命，真是非常快的生命，那真是刹那之间，一弹指而已！我们自觉活得很长，六十年或一百年，也够舒服，这是自我的主观，而佛以广大面的比较性观念来看人生，所以生命看起来非常短暂。

定力的原理

　　"'善男子！一息一眴，众生寿命四百生灭，智者若能观命如是，是名能观念念灭也。'"

　　做功夫的方法。一息：鼻子一呼一吸叫一息，也叫一念。一眴：头不动，眼睛左右看一下再回转来叫一眴。在一息一眴的动作间，众生寿命有四百个生灭在其中，这个数字相当可怕。以教理配合现代计算，佛说的话皆合乎科学。电子变化快速，的确有此情形。刹那之间有四百生灭，四百是大体的数目。佛当时为什么说这个话，这就要我们自己体会了！真正得定的人，即能体会到生命一瞬息之间，微细念头的生灭太大了。

　　我们现在坐在这里感觉脑子想得很多，这是自己只发现粗的一层，没办法发现细的一层。有定力的人，发现自己细的念头在一刹那间有四百生灭。譬如白骨观修成的，已经内观到自己里头的生命功能，叫它细胞也可以，叫它荷尔蒙也可以，很快地在生灭中变化，如果你不把它半途接住、定住，它就变去。所谓定，有这样一个东西，这么一个事实。所以，有定力功夫的，能在这个生命变化中就把它定住，如此，生命是可以延长，至少它变动的速度减慢了，这就是功夫的道理。

智者，有大智慧的人，观察寿命的变化如此之快，这个才叫真正学佛，才是此观的"观"，才可谓"能观念念灭"，也可说能观念念生。大家打起坐来都怕念头，你这个念头是主观的现象所起的，表面上的一层，你那个能观的，不动的，要观到表面上所观的这一层，这个念念在生灭。那么，你把它搞清楚，你那个能观的不动，就半路把它截住。把念头切断是方便说法，好像前念过去，后念未生，前念切断，中间这一段空了，实际上中间切断的那个空，正是有念，这一念保持住也叫正念，也等于刚才佛的比方，箭一射出，快速在半路接住，定在那里。此所谓定，是实际动力的现象。

生死两幻命何寄

　　"'善男子！智者观命，系属死生。我若能离如是死生，则得永断无常寿命。'"

看这些经文要小心！平常看经念经很快看过去，这里有个大问题。佛说，善男子，诸位，你们注意！"智者观命"，大智慧的人看自己的生命"系属死生"，生死不是生命，生死是生命的现象，那生命是个什么东西？佛没有告诉我们，你要自己去找。"智者观命，系属死生"，生命看起来好像归属于这个生死，因为有生有死是两头，在两头的变化中间就看出有一个存在的生命，等于一般所讲，活着表示寿命存在；死亡表示不存在、过去了。生命好像附属于生死，生死变成主体，生命变成宾，表面看起来是如此。

"我若能离如是死生，则得永断无常寿命"，如果我们修持能做到离开生死两头作用，了了这个生死，那你可以得到永远断除无常的寿命。我们的寿命不长久，很容易变去，变去叫无常。假定我们了了生死，我们就可以得到不必变去的那个真正的寿命，对不对！这段文字含藏有这么一个秘密，看出来没有？我这个秘密卖给你们了！不要不珍惜，不然读经、读文章读死了也不懂，密宗就在这里，文字里就有秘密。你们研究经典都说看懂了，哪里懂？读书要细心，尤其青年同学，这才叫读书。读书不要轻易放过，换句话说，不要傲慢，认为自己懂了，你应该把自己推开，客观地、仔细地看。

我个性急，有时看书很快，一本没有看过的书，想很快把它看完。有一天夜里十二点，同学送来一本新书，看到二点半，看完了大概内容，知道了，自己不敢相信自己，怕不够仔细，然后慢工出细活，再一章章慢慢重看。这就告诉青年同学，读书也不是一件简单的事，也同修行一样，要正念，不要马虎，刚才这段就告诉你此中秘密。

第二十七讲

命如电影生已灭

命在呼吸间

我们继续上一次所讲生死的问题。关于这点，有位道友提出了三个问题。

第一个问题：

佛说："众生寿命，复速坚疾"，一切众生（众生不仅指人）的寿命都消逝得非常快速，比坚疾天天人的速度还要快，快到什么程度呢？佛经形容是"一息一眴，众生寿命四百生灭"。

一息一眴是两个观念，鼻子呼吸，一进一出是一息；头不动，眼睛由左到右转一下是一眴。这位道友问，佛说"一息一眴，众生寿命四百生灭"是否指：

一、意念的生灭问题？（思想意念在一息一眴之间有四百生灭？）

二、指生理的细胞生灭？

三、指形态的生灭？（不管生理、心理，形态生灭犹如波澜壮阔的瀑布般，一泻千里，刹那即逝。）

这是这位道友所提的第一个问题。现在我答复这位道友的问题和意见，佛说的三个比喻都包括在内。

上次我们提过，寿命同时间的关系一样，是相对的。拿历史的时间看个人几十年的生命，真是一眴之间，其实连"一眴"都不足以形容其快速，一刹那就过去，一弹指六十刹那。如果拿宇宙的寿命看历史的寿命已经很短暂，更何况众生个人的寿命。

佛教小乘经典对寿命的快速，有一个很好的比喻。佛要弟子了解寿命的短暂，希望人在短暂的生命中，能够找出自己生命的真谛，不要浪费时间，佛就问弟子："生命之快速若何？"许多弟子都回答了，有些弟子说："我们的鞋子今晚脱了，不知道明早是否能醒来再穿？"

佛对弟子的回答一概否定。最后舍利弗答复："寿命在呼吸之间。鼻子呼气出去，再不吸进来就死亡。"佛说："对！生命在呼吸间，有那么短暂。"这是小乘经典的比喻。现在永明寿禅师引用大乘经典的比喻，要注意原文，上次已讲过，在此不提。希望诸位研究佛学，要像这位提出问题的道友这么用心，那我会非常高兴，大家没有浪费时间。这位道友非常用功，回去以后还反复研思。他学问好，也是大学教授，但却不拿教授来衡量自己的学问。

佛是武林第一高手

上次讲到，佛说譬如射箭，速度很快，箭射出尚未到靶，途中就被武功高强的人给半途截走。你看这个大力士的速度快不快？这是佛经的比方，从这点我们讲一个题外话，由此可见释迦牟尼佛什么都内行。根据他的传记，十二岁时，武功已经练到全国第一。他可以把一只活的大象甩出城墙；拉弓射箭一箭可射穿七重铜锣，可见其武功之高。我们相信这是真的，为什么？因为他老人家受的是宫廷教育，一个国家的帝王，尤其印度当时，要培养一位太子继承王位，从小就集中全力，给予一流的教育，加上他资赋禀异，所以文武双全。

学过武功的就知道，武侠小说所讲的武功速度的确做得到。就拿我们小时候的经验，学武功的老师辈，被人逼得没办法一定要表演，他一面谦辞没有功夫，一面就看到地上跑来跑去的老鼠，有一呎距离之远，毫无动静一下就到了他手里，速度就有这么快！

那么，释迦牟尼佛能讲出这种例子，可见武功很内行。的确有力士的速度，比箭射出去的力量还要快，当然这没有办法做数字统计，每个人有功夫的深浅，因为当时的听众有许多是王公大臣的子弟，跟着他出家的，内行话大家懂。他说这个能快速接到未堕之箭的人的速度还不算快，地行鬼、飞行鬼、四天王、日月神天、坚疾天的速度一层比一层快，而众生寿命又比坚疾天更快。总而言之，快到极点了！

迅则缓

这里又有一个问题来了。学过物理的知道，一个东西速度极快时看不见，反而觉得慢。上次也引用老子说过的话："**大音希声**"，频率太高、太大的声音，人类耳朵听不见，不过有些动物听得见。速度太快反而觉得慢，譬如地球在太空中运动的速度很快，可是我们并不感觉到地球在动。总之，佛形容速度之快，快到什么程度呢？我们心理的思想与生理上的变化，比这里所说所有各类变化的速度还要快，快到极点。

念速极速

像我个人的经验，我想诸位也有这样的经验，如果准备坐下来写点东西，不用毛笔，用毛笔太慢。往往摆两、三支钢笔在旁边，为什么？有时钢笔没水，懒得装。自己发现，写东西，无论如何跟不上自己的思想。跟我通过信的都知道，我写信乱画的，经常添字。因为写慢了，前面思想过去了，等写信再看一遍，这一段某个思想掉了。如果换纸再加上很麻烦，经常在句子与句子中间加两句，满纸乱画很难看。

笔下当然没有思想的速度快，但是我们感觉得到的思想的速度，还没有感觉不到的速度快。这话怎么说？现在大家静坐感觉到思想纷飞，而且东跳西跳很快，这还不是哟！这还属于浮面的思想，也可以叫妄想里的浮想，这个还可以感觉得到。

大家既然讨论到这个问题，要注意！我们真正的念头，佛说一念之间可以作佛，真正一念的"念"，不是属于脑子静下来可以感觉到思想的"念"，这个只是散乱心而已！我们坐在这里，一刹那之间晓得自己身体坐在这里，而且这一刹那间，连头发、脚趾……全身每一部分都感觉到，只是你不够敏感。但只要碰你一下，或同时插上一百根针，一百个地方你都会感觉到痛，就有这么快。

一念三千

所以，我们这一念有这样多的生灭，不是普通能够体会的，要定慧到某个境界，才能体会到心念有多快！至于生理上的业力，也是属于一念的范围。譬如我们身上血脉的流通，根据现代医学的研究，把体内粗的、细的微血管全部连接起来，有近十万公里长，人体血液一天循环四千周，亦即走四千次十万公里。至于细胞、呼吸生灭的变化，现代医学都测验得出来，这已不算稀奇了。可见我们的念力与生理上的变化，每一个时间有那么多生灭。

好了！这位道友提出的三点分析都对，四百次生灭包括心理、生理和形态。但是有一点，我们生命的生死是不是一息一眴之间有四百生灭？当时佛没有用分秒形容，而以人体呼吸和眼睛转动来比喻，一眴之间四百生灭，我们不敢说这个数字是确定的。形容极多，为什么用"四百"呢？因为人体是四大组合成的，佛经上经常用到四大地水火风分类，所以讲四百。

实际上，佛在大乘经典上说，众生一念之间有八万四千烦恼，换句话说，有八万四千的心理变化，这个数字更大，这个数字是否与现代科学完全相合呢？不知道，也可以说是个问题。不过，我们可以得到一个结论，佛在二千多年前，用这么一个笼统的数字形容"多"，时代不同，但相当准确，他以什么测验？是否以神通了解？不得而知，除了真正有智慧的大神通外，是无法知道的，如果知道，这个人就是有智慧大神通，智慧就是大神通。

生灭不等于生死

不过，这里又产生一个大问题，如果严格研究佛学，本经说"**一息一晌，众生寿命四百生灭**"，并不是讲生死哦！怎么说生灭不是生死？如果以笼统的中文、不用逻辑的方法而言，有时候可以用生灭二字代表生死的观念，然而仔细研究佛经，生灭并不一定代表生死。生灭是形容一个东西波浪式的放射、波浪式的起伏，是个现象。假使确定把生灭当成生死的话，生灭是个形态，生死是确定的一件事，一个人死了看不见叫死，死了是不是再生？世间观念不知道，以佛学观点而言应该会再生。所以，他讲四百生灭，是指变化的形态而言，我们要留意！怎么去体会它呢？除非有甚深禅定加上甚深的般若智慧，在定慧等持的时候，才看得出自己一念之间有那么多生灭。

你定不定得住生灭

刚才举过一个普通的例子，大家坐在这里，当我讲"现在"这一声时，这一念之间，生理上全部的感觉都在其内，但是因为没有别的（外境）刺激、没有反应，自己不知道，这其中不只四百生灭，在一刹那之间同时俱在，讲"现在"早就过去，在刹那之间生灭变化有如此之快。

大家学佛打坐，美其名说坐了半个钟头，甚至有些人借用名词，说定了半个钟头，什么定？你坐在那里乱想了半个钟头而已！事实上，坐在那里即使一念不生，已经不只经过八万四千的生灭、变化。最后佛说，在这么快速的时间，你把它停留住了，换言之，使速度减缓，而且把慢的速度定住了，就是所求的效果、功夫。我们详细讨论这个文字，有这么一个问题。这是关于第一个问题简单的答复，好像我说得有点语焉不详，但是现在只说到这里。

三际不可得

这位道友的第二个问题，提到上次讲过的"智者观命，系属死生。我若能离如是死生，则得永断无常寿命"。道友问这两句话的"系属死生"四个字，是否是指众生的寿命在流注中的意思。"流注"二字原文出于《楞伽经》，所谓生命妄想像流注，流注像什么东西呢？就在我们今天所看的河流，一百年以后，看到的还是一条河流，实际上，后浪推前浪，每一个水分子不断过去，后面的就接上来，表面上看似在流，事实上都过去了。当我们第一眼看这一滴流水时，再看第二眼不晓得已经跑多远了！《三国演义》开卷就说："滚滚长江东逝水，浪花淘尽英雄。"一切永远不断地过去，这是流注的道理。

《楞伽经》上说，生命的存在，意识（意念）看起来好像有个我，实际上本来没有一个我，说现在，现在早已成过去，没有现在；说未来，未来变成现在，一说现在、未来，它又成过去了，前一个思想一讲，早已过去，流注式的在动。实际上，中间体空，然而也不能叫它空，当流注有的时候，它这股水永远看到生命是有。

佛经说"智者观命"，观察人生的生命；"系属死生"，翻译得非常好。上次提过"系属死生"有几层意义。系：一条绳子打个结挂在上面；属于它的叫属。譬如两只手是属于我的身体，如果残废砍掉，两只手不属于我的，但是我还是我，不过两只手没有用了，这个叫附属于我。如果照这样来讲，今天活着的生命、身体也不附属我：真正的我，不属于这个身体。这个身体系属于生灭、生命的作用，系属于寿命。也可以说，寿命的存在，是因为这个身体生灭流注的存在。因此看起来有一个生命，实际没有真正的生命，这是小乘的说法。

"性""命"要紧

大乘的说法则不然，我的这个身体，一切的生灭作用，系属这个寿命。寿命是个什么东西？问题来了！暂时不谈佛家文化，以中国固有文化来讲，孔子已经在《易经·系传》上提出这个问题："穷理尽性以至于命"。人要修道、了生命，先要"穷理"，等于禅宗的参话头；也等于佛教所言，要把一切经教道理通达透了。"尽性"，然而才会了解到宇宙与人生的本来是什么，明心见性以后，才知道"命"；生命的奥秘道理在什么地方。所以，"穷理尽性以至于命"，可以说是孔子提出修养做功夫的三个步骤，先"穷理"，后"尽性"再"以至于命"，才懂得生命。

我们看孔子的一生，"十有五而志于学"，知道这个学问；"三十而立"，三十岁才确定向这个学问上努力修养；"四十而不惑"，从三十岁到四十岁这十年当中，还有怀疑，到了四十岁确定不怀疑；"五十而知天命"，五十岁了，他才知道命的由来；"六十而耳顺"，善恶是非一切无分别，一切皆是顺缘；到了"七十而从心所欲不逾矩"，事事无碍了。我们勉强拿这一段来作注解。那么，由明心见性而达到真正了解这个命的学问，太不容易。这是中国固有文化孔子的说法。

永恒之光

佛法不大提这个事，不过，在密宗、在禅宗许多祖师的隐语里、在有些大乘经典如《华严经》里有提过，然而不太正面强调，换句话说，这里头有深奥的道理。

"智者观命，系属死生"，有智慧的人观我们现在的寿命，是"系属死生"，本来我们有个永恒不断的寿命，那个就是真我。本来无我，勉强叫它"我"，那个是生命的真我。等于"阿弥陀佛"四个字，翻成中文就是"无量寿光"，寿即寿命；光即性光。有相之光是子光；无相之光、常寂光是母光，自性本身的光明。子母光明会合而产生这个光，譬如眼睛所见的电灯光是子光；电的功能是母光，为无相之光。所以阿弥陀佛是无量的寿命，又翻成无量寿佛。道士看到和尚念"阿弥陀佛"，他们也念，但念的是"无量寿佛"。

无量寿是真命，众生找不到自己的无量寿，都在生死中，念念被生灭牵流了，换句话说，被生灭的流注迷糊了，找不到流注本来的功能，找不到本来的功能才是我们真正的生命，那就是佛最后涅槃时说的四个字：常、乐、我、净。佛从少年开始说法，到中年都说："世间一切无常、世间一切是苦、世间一切是空、世间一切是无我"。到了八十一岁涅槃时说："不然，本来是常、乐、我、净。"是无量寿命。现在，因为我们没有明心见性，没有找到自己生命的奥秘，所以把无量寿光、常乐我净涅槃本身，给生死妄想白白系缚住。

分段生死与变易生死

因此禅宗提出了生死，了了现在的分段生死。我们现在人生在六道轮回是分段生死。什么叫分段？譬如人活到六、七十岁死了再来投胎，或者变牛、变马、变狗、变男人、女人？不知道。就是说，一个完整的生命分段存在，好比一节长面包切成一片一片还是面包。普通凡夫是分段生死，了了分段生死后，高一层进入"变易生死"，就是罗汉。什么叫"变易生死"？"分段生死"是父母所生之躯死了再投胎；"变易生死"则能靠禅定的功力，把肉体修到留形住世，古人能留形住世五百年的很普通。

譬如龙树菩萨有一弟子，玄奘法师到印度取经碰到他，已经活了八百年。另外，印度有一个和尚，在印度活了六百多年，到中国活了约五百年，叫宝掌千岁，在中国修了好几个庙子，他与达摩祖师在异乡客地相逢，了了道以后才圆寂。他在四川以及其他地方的好几个庙子，我都住过，像杭州西湖有一个中印庵，也是宝掌千岁挂单住过的茅篷，后来盖成庙子。类似这样的人很多。那么，留形住世是不是了了生死？还没有。变异生死可以把生死的快速形态减缓、延长，也就是刚才讲的，箭射出去，中途截住，停一下，把它停留住，就是这个道理。这八个字告诉诸位"应作如是观"。

接下来另有一句，也是这位道友提出的第三个问题。"**我若能离如是死生**"，我若能离开现象的分段生死，不随生灭的形态，找到了自己生命的本源。"**则得永断无常寿命**"，无常寿命是指人世间、三界、六道的寿命无常，那么，无常寿命断除了，不随生灭法，永得真常，但真常也是假定用语，不可执个"常"。

以上所言，据我所知如此，初步这么解说，如果详细讨论这位道友的三个问题，再引经据典发挥起来则更多，我们暂时到此为止。

第二十八讲
转身不踏来时路

人生到处知何似

置之死地是菩萨地

转身不踏来时路

修行人没有明天

死苦逼三界

阿育王的学佛因缘

还原全在一念间

离苦得乐这般心

人生到处知何似

现在继续《宗镜录》原文：

> "'复次智者观是寿命，犹如河岸临峻大树，亦如有人作大逆罪，及其受戮，无怜愍者。'"

有智慧的人，看我们现在活着的寿命，非常危险、脆弱，随时有死亡的可能，等于吊在河岸边、悬岸上的大树，随时一震动一松脱就没有命了。也像有人犯了忤逆大罪要被处决一样。佛经翻译得真好，不翻成人生是痛苦，而翻成烦恼，烦恼并不等于痛苦。譬如快乐的日子，一边笑，哈！唱得好，可是下意识里却觉得很烦，烦者恼也，恼乱。即使在最快乐时，下意识里并不觉得快乐，甚至还带有一种淡淡的悲哀，心里觉得无聊。问好不好玩？好；好不好吃？好，但是心里头觉得没有味道。我想大家都应该有这个经验。"及其受戮，无怜愍者"，等于说感情、肉体被慢慢地乱割，生命多活一年就砍去一岁，心里无所依托，没有人真正同情你、怜愍你。

> "'如师子王大饥困时，亦如毒蛇吸大风时，犹如渴马护惜水时，如大恶鬼瞋恚发时，众生死生亦复如是。'"

这几句形容不同的生活型态，表面上看起来在讨论人生生命的可怕、短暂；实际上是告诉我们生命的宝贵，在那么短暂的生命当中，你要加倍珍惜自己，如何找回自己那个本有的生命、本有的本体。

各位看电影、电视的动物奇观，狮子之所以为森林之王，在天性上有了不起的地方。一个畜牧场，一大群羊或马或牛，一到晚上，一定是母的进棚，公的在外面守护；男人一定保护女人，所以男同学保护女同学应该的，自然界就是如此。兽中的兽王又有不同，它有一种威猛，敌人来袭，首先抗拒的是兽王；第二，有好吃的，它站在旁边，一看就知是兽王。

我在峨嵋山看到猴王，一站出来有我们人那么高，胡子白的，俨然王者之态，威仪不同。有人把香蕉、花生一大堆拿给猴王，它眼睛看都不看，不动也不接手，小猴子分啊抢的，然后猴王一转身，猴群统统跟着走，就有那么厉害，王者就是王者。你看了动物世界的王者，也就知道人生是怎么一回事，也知道做人应该怎么效法了不起的道理。

"师子王大饥困时"，狮子王很了不起，用中国文字形容，具有那种"顾盼生姿"的威严。饿了、倒霉的时候，仍然不失其威严；但饿得受不了，还是很痛苦。人生在世不知有多少英雄，男的女的年轻时，都觉前途无量、后途无穷，实际上是前途有限，后方难料，就是这样在跑。等于狮子王在大饥困时，人要到寿命终结的时候，你那个威风没有了，只剩架子。

"亦如毒蛇吸大风时"，这是另外一个经验了，所以读佛经知识不广博，很难解释。大蟒蛇嘴一张，吸一口气，所有接近其范围，空中飞的麻雀、苍蝇、蚊子、飞鸟，全被大蟒一口吞下去。这一口大风吸进来，一闭住气可能就会死亡。因此蟒蛇一吸气，背部弓起来，内部又起呼吸作用，否则很难消化。风也是饮食，所以功夫做得好的人，吸气也可以长寿。

"犹如渴马护惜水时"，我们的生命就像一匹马在沙漠奔驰，缺水立即倒地死亡。人在沙漠中第一个财产就是水，那个时候黄金毫无用处。我们在这里没有关系，到沙漠就晓得水的重要。渴马在沙漠中看到一滴水，那种爱惜，宁可把命给你，当这一滴水可以维系生命时，绝不让人碰。这就是说，我们对自己活着的生命，要随时珍惜、随时修持。

"如大恶鬼瞋恚发时"，当恶鬼发脾气时，全身起火，尤其恶鬼发火，据说喉咙冒烟，我们有没有做过恶鬼的经验都已忘记，不过据记载如此。

总之，这一段文句有正反的比方，出家同学把经典找出来，配合生物学的研究，这几句话可以写一部很好的小说，而且这些比方非常生动、浅俗、美妙。所以佛说，众生生死也是如此，要了解自己的生死、爱惜自己的生命，如何赶快努力追求生命的真谛，是本节大意。

置之死地是菩萨地

> "'善男子，智者若能作如是观，是则名为修集死想。'"

十念法中，第十念的修法就是念死。我们要警惕，人生的生命随时会死亡。当然，念死的方法不是灰心的念死，而是积极的念死，尤其与佛说的白骨观的基本修法相关连。修白骨观必须修念死观。修念死观和白骨观恰如中国道家所言："若要人不死，除非死个人。"意思很朴素，就是说，把人心、人欲的心念、妄念打死，生命本来的无量寿光才会出现。

> "'善男子，智者复观，我今出家，设得寿命七日七夜，我当于中精勤修道，护持禁戒，说法教化，利益众生，是名智者修于死想。'"

这是佛对自己出家的弟子讲的，如果出家后寿命还有七天七夜，在这么短暂的时间内精勤修道、护持禁戒……"是名智者修于死想"。当然，我们现在出家，寿命何止七天？还前途无量呢！有些人在临死前出家，历史好几位大人物都如此，尤其宋朝名宰相，像王旦[①]、张商英[②]等等，吩咐家人，死前为他换上和尚衣服。

中国人有句俗语说，"平时不烧香，临时抱佛脚"，人一生的事业功名结束了，也老了！感觉无聊，到庙里找和尚或出家当和尚。有个人官拜宰相，最后退休到庙里当和尚，人家问他，他说"临老投僧"，看到身旁一位有学问的年轻人，问他怎么样？年轻人说好啊！"临死抱佛"，这是挖苦呢？还是恭维？把他搞得白胡子生烟。都有道理。

佛经常提到，用任何一种方法修持，真正精勤不断，昼夜用功七日七夜必有收获，念佛也是如此。七日七夜很短暂，他并没有叫你七日七夜不睡觉，不要随便加注解，加上是我们自己的错，当然你精神好可以不睡觉，但是我们自己反省，没有一个人修持能够七日七夜不眠，很少，几乎不可能。

他说"**七日七夜，我当于中精勤修道，护持禁戒，说法教化，利益众生**"，并不是每一样都做到，或者精勤修道，或者护持禁戒。什么是真正的守戒？对任何世俗法、出世间法不起心动念，不是压制，永远是清净一念，自然在禁戒中，不需要持。或者是昼夜不断说法教化众生；或者是七日七夜专做好事、利益众生。他说，这也属于"修于死想"。因为七日七夜是个周期。中国《易经》言，"**七日来复**"，复者回转，譬如今天阴历夏至就是回转。冬至一阳生，夏至一阴生。今天白天最长，明天开始，每日递减，到冬至则是最短的白天。冬至过后，白天时间与日俱增，长到夏至。所以今天是一阴来复，不是一阳来复。一周期一阳来复，无论东西文化、印度、埃及、希腊文化，关于宇宙生灭的法则，为什么如此相同？这是人类文化数理上的大问题。

"**"复以七日七夜为多，若得六日、五日四日、三日二日、一日一时，乃至出息入息之顷，我当于中精勤修道，护持禁戒，说**

法教化，利益众生，是名智者善修死想。'"

修死观并不是叫我们躺着装死，这个事我也修过。我记得小时候，因为父亲喜欢跟和尚、道士来往，在家中听他们谈修道、炼丹，花样特别多，我一个人站在旁边听，听到有人说要学死才能够活，我每天夜里睡觉学死，枕头也拿掉。搞了半天也找不到道在哪里。问他们，他们告诉我：年纪还小，将来一定告诉你，这里有个窍（大概指头顶），我东摸西摸，窍在哪里？始终摸不到。实际上"修死"是一个观念，告诉我们要彻底了解自己的生命，随时可以没有，不要认为自己今天活得很健康、强壮，我们对这个生命的确没有把握，一下各种样子就没有了，死的机会太高了！所以他说，不要管七天，六天五天四天三天二天一天，不要等到明天开始，要有如此急迫来不及的心理，这叫修死想。他解释得很清楚，并不是躺着修死，要真正了解自己的生命随时会死亡，赶快用功。

转身不踏来时路

接下来永明寿禅师又举一个梁武帝的例子：

> 又梁朝有高僧，奉帝请百大德试有道者，请至朝门。严备一百甲兵，旌旗耀日，怖百大德，九十九人悉皆惊走，唯有一大德而无惊怖。王问和尚："何故不怕？"僧答云："怕何物？我初生孩童之时，刹那刹那念念已死。"

"又梁朝有高僧，奉帝请百大德试有道者，请至朝门"：有高僧奉梁武帝的命令，考验哪个和尚有道；把有道的和尚请到中央开会，进朝廷之门。

"严备一百甲兵，旌旗耀日，怖百大德"：朝廷调兵遣将、严阵以待，大有要把和尚枪决的态势。

"九十九人悉皆惊走"：和尚一看开会场地是此等架势，皇帝要杀出家人的样子，全都跑掉了。

"唯有一大德而无惊怖"：只有一位和尚毫无惊骇，堂而皇之地进去了。

"王问和尚：何故不怕"：梁武帝最后见到这位和尚，问他怎么不怕死？

"僧答云：怕何物"：和尚答复，怕是什么东西？

"我初生孩童之时，刹那刹那念念已死"：当妈妈生下我的那个我早就死了。现在我每一秒钟都在死，看到我还在，这个在是第二、第三、第四个，而第二第三第四以下也了不可得。《大智度论》上讲的，梵志代表一个人出家，印度婆罗门教出家称梵志；等于在中国当了道士、当了和尚。所以，禅宗有个公案，梵志出家六十年后再回到家乡，家乡人一看到他就说：这个人不是六十年前的某人吗？梵志一笑说："若有其人，实非其人。"你们看到的好像是六十年前的我，"实非其人"，六十年以后的我，实实在在已经不是六十年前当年的那个我，那个我早就变去了。

这位和尚答复梁武帝说，怕什么？充其量只是怕死嘛！他说我早死了，妈妈生下来，哇……那一哭，现在已经死掉了。现在的现在随时过去。生死既然如此，有什么怕的？这是梁武帝测验有道之士的一则故事。

修行人没有明天

故知诸佛苦心、菩萨誓志，为救众生，如是悲切，应须递相警策，不可倏尔因循。

永明寿禅师引用上面这段，提出生死问题之快速、之严重，不容许你观望因循，不要以为今天过了还有明天。我经常看到年轻同学犹豫不决，一面想结婚成家，一边又想修道，鱼与熊掌不可得兼。我说你决定一下嘛！他说慢慢来！好，到中年以后再说，当然我不好讲，能不能活到中年？这一句话不讲了！只好说你到中年以后再说嘛！当然，运气好，也许活过中年，但是我们看到世界上运气不好，活不过中年的很多。其实，不仅修道，作学问、做事业也是一样，诸位同学读书读四年，要做，下去就做了！说明天再讲？没有明天。明天不一定属于我的，只有现在暂时属于我的，但现在也马上过去了。

他说，一切佛的苦心、菩萨的悲愿，为了教化救助众生，是如此悲切，他很恳切告诉我们，应该警惕鞭策自己，"不可倏尔因循"。倏尔形容非常快，因循者，马马虎虎，等一下再说，等一下再说就不行了！那一下一下没了，就不是你的了。

死苦逼三界

且三界受身，未脱死地，新新生灭，念念轮回。

写着写着，永明寿禅师文字的才华又洋溢出来，又是高声朗诵的对仗句。"三界受身，未脱死地"，三界：欲界、色界、无色界中，始终没有脱离生死。譬如禅定修得好，持戒持得好，不一定跳出三界外喔！修到无念最高处，如果没有得般若智慧的解脱，住在无色界天，一生寿命是八万劫，比我们长，但是没有跳出三界外。一般人修定修得好，充其量生到欲界天人，欲界天寿命当然比我们长，仍然没有跳出生死。所以，要跳出生死很难，一般修持是在"三界受身，未脱死地"。

"新新生灭，念念轮回"，此句引用儒家《大学》的"苟日新，日日新，又日新"，有无比的勇气，不断前进。把苟日新、日日新、又日新的观念一引用，就用到"新新生灭"上，看起来是苟日新、日日新、又日新，实际上，昨天过去，今天也过去，明天又成为过去，恰与"苟日新，日日新，又日新"相对，他把这些文字套用在生灭中，一点都看不出来，这就叫写文章的高手，"新新生灭，念念轮回"。

> 直饶天帝五欲之荣，轮王七宝之富。

一个人做到皇帝不算高明，做到帝释天主，享受天界的五欲之乐又如何？佛经上描写帝释天主，欲界天世界的婚姻制度，每一个天人，最起码有一千个夫人，福报大一点更多，要什么有什么，不过有一点：为天人者没有病苦，只有死苦。天人头上有花冠，当花冠凋萎，表示即将死亡，众天人为其哭泣。我说我不想当天人，只想当凡人。我们也有头发白了就萎缩的花冠。天人的头发跟我们不同，是开花的，我们需靠电熨斗才能烫成花。他说，当人间的皇帝还不算什么，"轮王七宝之富"也只一时。转轮圣王有七宝：玉女宝——比朱元璋的马皇后还要贤慧百倍的皇后，居士宝——掌管经济、财政第一的大臣，绀马宝——军事上的太空船等装备。轮王有七宝之富。转轮圣王的七宝为：轮宝、象宝、绀马宝、玉女宝、神珠宝、居士宝、主兵宝。

阿育王的学佛因缘

> 泰来运合，赏悦暂时，报尽缘终，悲忧长久，物极则返，因

果相酬，处业系中，谁能免者？

这些运气好的，如"地天泰卦"，万事吉祥，无一不称心如意，想赏识什么、爱什么，随时有，不像我们在街上选件礼物送人，看了又看，还要考虑价钱，很痛苦！然而"报尽缘终，悲忧长久"，一旦等到寿命、福报尽的时候，痛苦来了。因为福报太大的人，在顺境中不免造下许多错误之事，自己不知。人在顺境中做的坏事最可怕，说错一句话，后果有多坏，不知道！绝没有人告诉你。为什么倒霉的人容易修行？倒霉的人没有地位，做错事别人会瞪你眼睛、批评你，难过是难过，还会改进。人到了某个地位，你会说他讨厌吗？对他只有说对对、是是，所以他造的业更大。富贵修行难！

佛经记载印度史上阿育王的故事。阿育王是佛过世数百年后印度的名王。阿育王有两个儿子在我们云南一带立国。阿育王中年以后信佛，拼命布施，最后将死之时，躺在床上不能动还要布施。宰相告诉太子不能再布施，中央国库已经没有钱，都被阿育王布施光了，为了权位、为了国家政治着想，只好限制他布施。阿育王有个好朋友，是活罗汉，他们俩永远是好朋友，一个是高僧得道，一个是转轮王。他们好几世前，当孩童时，两个人光着屁股玩沙，释迦牟尼佛过来，两个小孩看到就拜。阿育王什么都没有，抓一把沙放在饭钵里供养佛；另外一个小孩身上只有一毛钱，也掏出来供养佛。佛摸摸他们的头说，五百年以后，印度佛教靠你们两个。后来一个就是阿育王，一个成为高僧。阿育王同曾国藩一样，一生有个苦恼，转轮圣王威风无比，但有皮肤病，皮肤发痒，因为他供养的是沙子，沙子怎么有功德呢？狗供养大便也有功德。我们觉得大便很脏，狗吃大便，等于我们供养一碗很好的饭一样。供养佛，由心念，价值问题不能拿人类或某一个的立场、环境来评论。

那么，阿育王最后还想布施，但是宰相不准。阿育王晓得了，太监削梨给他吃，吃了一半，眼泪掉下来。召太子、宰相来，话吩咐完了问：今天世界上哪一个人权力最大？太子回答：当今之世只有阿育王权高位重。阿育王说：你们不要骗我，我现在权力很大，但是只能达到半个梨子，我现在还有命令这半个梨子的权力，其他则没有，我很清楚。现在我要下最后一个命令，半个梨子不吃了，你们给我送到庙上供养和尚。太子也流泪，只好用皇帝銮驾把梨送到庙上，梨子还没有到，庙子开始鸣钟击鼓，全体和尚都穿起袈裟，披上礼服，到山门外接驾，接阿育王最后一次布施。半个梨子怎么办？煮稀饭，和尚庙用几千人吃的大锅煮饭，把梨丢进去熬，跟大家结缘，最后一次布施。这说明几个字"报尽缘终"，富贵、威风、权力没有什么。

年纪大的都当过家长，家长打小孩屁股时的那个威风，比转轮圣王还大；孩子长大后比转轮圣王还厉害。我们的老头子、老太太连半个梨子的权力都达不到，这是当然之理，没有什么好怨恨，为什么？"报尽缘终"，人生就是这四个字，家庭之缘、父子之缘、六亲之缘，如此而已！真的，不是骗大家，学佛一定要把这个搞清楚。不要说子女孝不孝，即使极孝的子女也有一天"报尽缘终"，极孝顺你也会受不了。这四个字，不是年龄到了、不是经验到了，不会懂。

"报尽缘终，悲忧长久"，留下自己的内心罪业的痛苦。因果是什么道理？拿中国文化讲，就是"物极则返"，印度文化讲因果为"因果相酬"，生命就在"物极则返""因果相酬"中系缚着，几人得脱？

"处业系中，谁能免者"，生命的状态流转下去叫业，生命是股力量、业力，这个业力没有一个人可以逃得出来。有一个人逃出来，逃出来的人叫做"成佛"。刚才有位道友问到寿命的问题，寿命与这股业力的连接是流注，构成了现生的生命，不生不灭的那个作用，本体的功能，那个非属于生灭，乃不生不灭，姑且叫它真寿命、真常、真我。

现在永明寿禅师给这一节作结论：

还原全在一念间

> 故《法界篋》云："莫言无畏，其祸鼎沸；勿言无伤，其祸犹长。"争如一念还原，绍隆佛种。念念不忘利物，步步与道相应。究竟同归，莫先宗镜。

102

又推崇题为"宗镜"的这本书，你们开广告公司先要读《宗镜录》，他三句话不离本行，讲来讲去还是这个好，他跟你介绍了许多货，什么西洋货、日本货，最后还是我们的这个好，他的文章就是这么说！

《法界篋》说，你不要说不怕生死。有些人是不在乎生死，土匪在枪决前还拍胸脯说，不要紧，二十年后又是一条好汉。"其祸鼎沸"，生死倒不可怕，在生死阶段所累积的善恶业果，果报太可怕。"勿言无伤，其祸犹长"，你不要认为没有关系，关系太大了！

"争如一念还原"，这句话太难懂了！禅宗喜欢讲"一念还原"，什么叫一念？前年我们在松江路特别为了这个开过课。一般人讲一念还原，就是把心理的思想、分别的作用，生灭，当成一念，错了！这是散乱、妄心。所谓一念，包括身心两方面，五阴色受想行识，统统在这一念。换言之，以现代话说，所有的知觉与感觉，内在与外在同时并俱存在的，那一个了解之间叫一念，要特别注意。讲它的速度，勉强以人世间作比方，是一呼一吸；讲它的现象，就是人坐在这里，身体也包括在念以内。

身体不在念以外喔！一般人把念搞错了！打起坐来闭上眼睛，把里头的思想当成一念，那一念不是在身体的色壳子之内吗？身体还在念以内！内外、五阴、物理、物质、生理、心理，全部都在这一念之间。等于大家坐在这里，空气很热，四周人经过的热气也知道。我们身体放的光有这样大；放射的气也有这样大。普通人放射敏感的业力到达这个程度，再超越一点，看你的功夫。所以武功练好的人，差不多二十步以外，一个人过来已经感觉到，不是听到声音，而是这个敏感的力量听到，生命的功能有那么大，都在一念之间，所以要把一念搞清楚。③

诸位不要误认，闭着眼睛打坐，拼命管思想的跳动。有首歌叫"跳跃的音符"，如果把跳跃的念头当成一念，你已经偏差了！那是闭起眼睛玩游戏，水上按葫芦。身心内外，无边上下，就是一念。

能够一念还原的人，才称得上是佛弟子，才够得上资格"绍隆佛种"。绍者继承，隆者发扬，才能真正以佛的宗旨继承佛法、宏扬佛法。诸位要注意！尤其出家的更要注意！所谓出家为僧，是为"绍隆佛种"，不要搞错！出了家只顾自己。"绍隆佛种"的人要如何？要"念念不忘利物，步步与道相应"，这两句话已将大乘戒律精神涵盖尽竟，是从弥勒菩萨的大乘戒本和《梵网经》归纳出来，然后再起用。念念不忘利人利世、救世救人。"念念不忘利物"是入世的，入世后出世，容易迷掉；因此还要"步步与道相应"。

"究竟同归，莫先宗镜"，要想做到这个程度，最好是多研究《宗镜录》。

离苦得乐这般心

接下来的一节，我们定的小标题是："离苦得乐"。

所以《华严经》云："佛子，此菩萨摩诃萨，复于一切众生，生利益心、安乐心、慈心、悲心、怜悯心、摄受心、守护心、自己心、师心、大师心。作是念言：众生可愍，堕于邪见，恶慧恶欲，恶道稠林，我应令彼住于正见，行真实道。"

注意！中国人天天讲大乘佛法，大乘佛法的精神引用《华严经》，大乘佛法真正的中心所在。所以《华严经》上说，佛子啊！无论出家在家，够得上资格绍隆佛种的，称为佛子。佛吩咐他的弟子，"此菩萨摩诃萨"，以此发心者叫大乘，大菩萨摩诃萨。大菩萨的心愿是什么呢？是自己悟道、了道以后，转过来利益一切众生的心，不是利益自己的心，而是为众生求得安乐之心。人家经常问我是不是学佛？我不敢说自己学佛，也不算佛教徒，为什么？没有资格啊！一个真正学佛的人，随时要有这样的诚心；生利益众生之心、使众生得安乐之心。

"慈心"，慈心与悲心不同。我常用的比方是，慈心是父性、男性的爱，父亲爱儿女的心；"悲心"是母亲爱儿女的心。慈悲有阴阳两重的、情绪上的不同，而"怜悯心"与之一脉相承。

"摄受心"，一切包容，好的要包容，坏的也包容；善人要包容，恶人也能包容。我的妈呀，那多难！所以我说不够资格当佛教徒。"摄受心"还不够，还要"守护心"，你要像保护孩子一样，保护一切众生。而且进一步要"自己心"，一切没有分别，他就是我。"师心"，绝对的谦虚，学佛的人注意！把他人当成我的老师，他有错，也是我的一个借镜。"师心"还不够，还要生"大师心"，一切众生都是大师，都比我高明，并不是我比他高明。这是佛吩咐学佛弟子的话，真正学佛是这种诚心和精神。

"作是念言：众生可愍"，大乘菩萨以此时时存心，认为一切众生都值得悲悯。

"堕于邪见，恶慧恶欲，恶道稠林"，一切众生找不到正确思想之略，把自己堕落在邪门、恶道中。"恶慧恶欲"，众生不是没有智慧，有高度智慧，但那个智慧是"**恶慧**"，不是善慧；欲望不是善欲，是"**恶欲**"。譬如要成道，一个人想成佛也是欲，属于善欲；众生所求的是恶欲。"**恶道**"，一切恶道都去走。"**稠林**"，像走在原始的森林一样，在里面钻不出来。

他说，一个真正学佛的人，要如此存心。应该说，这样的世界，这样的众生，任何一个人都是我的责任，我要"**令彼住于正见**"，我要想办法教他，使他归到正见上。"**行真实道**"，走生命真谛的道路。这是《华严经》讲一个学佛的人应当如此的发心。

中国人喜欢讲大乘佛法，永明寿禅师给我们标出大乘佛法的精神，存心如此。所以我们不要妄谈大乘佛法。这里叫"大乘学舍"，我们在这里学，并不是说这里是大乘，学不学得到？不晓得哪一天呢！我们不过在学而已！要注意！大乘道是如此。至于一般学大乘道的，我经常感叹，佛法教我们先去掉人我是非、贪瞋痴慢，然而学佛的碰到人我是非反而比一般人多。因为一学佛就买了一把尺，没事在口袋里玩尺，碰到人量量看，哟！不是佛；他忘记量量自己是什么东西。这是非常可悲的事，是不得了的严重错误，尤其学佛的同学要深切地反省！

编　案：

①　王旦，字子明，河北人。太平兴国进士，真宗时入相，进太保，当国最久。事至不胶，有谤不校，引荐朝士，不令其人自知。以天禧元年（一〇一七）卒，寿六十一，追封魏国公，谥文正。

旦宿奉佛教，生平无愠色。谨言行，老而弥笃，每自谓前身是僧，遗命以僧礼葬。其子素孝，不忍荼毗，乃敛以僧服。

尝与比丘常省结净行社以念佛，京都士人以入社为荣，前后聚万众礼诵，一时传为美谈，由是净土之宗，大行于宋代。

② 张商英，字天觉，号无尽居士，蜀中新津人。第进士，历官守牧，负气倜傥，以纲张为任。神宗时内迁监察御史，与荆公共议新法。初始忌佛门，欲撰无佛论以辟之，后偶读《维摩经》，顿起正信。

元祐中除河东提点刑狱，因朝五台山，塑文殊像，著发愿文。未几转江西转运使，谒东林总禅师，有所省。更谒兜率悦，始悟。崇宁中，因恶蔡京，谪峡州，谒洪觉范，语兜率悦真净文事，洪谓之曰："真净老师真药现前，何不能辨？"遂于言下顿见真旨。

大观四年，京罢相，入为中书侍郎柄政，尽蠲蔡京所为烦苛，以宽民力。并劝徽宗节侈华，息土木，抑侥幸，帝甚惮之。逾年，为佞幸所中，出知河南府，旋安置衡州，复相蔡京，大学生为之颂冤，始复故秩。撰有《护法论》等行世。

宣和四年（一一二二）十一月黎明，口占遗表，命子弟书之，俄取枕掷门窗上，声如雷震，众视之已薨矣，寿七十九。

③ 佛经中时见佛陀放光，尤其宣说大法时，其光甚至可达三千大千世界。至于凡人之光，罕见记载，若依《奥义书》而论，人有五身，灵气身较肉身略大，沿附肉身边缘各射出一、二吋光气，看起来肉身好像直长的蛋黄，包裹在蛋白中间。至于欲心身、智心身以至神心身，一层比一层大。尤其神心身之大小依修持而定。

近代瑜伽及西方超心理学之研究，则以人身七轮各放光气，而主张人若完全开发出来，可达下列七层光气：物理层、星光层、意念层、菩提层、涅槃层、超涅槃层，无上超涅槃层。后面三层从无相进至究竟无相，约略等于上述之神心身。

第二十九讲
欲舟总向魔域航

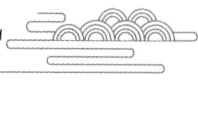

贪则邪

晴时多云偶阵雨

心开方有悟道份

我见瞎智眼

欲流排旋瀑

众生的劣根性

我执变罗刹

傲慢谁得免

良心待发现

贪则邪

> "又作是念：一切众生贪取无厌，唯求财利，邪命自活。我当令彼住于清净身语意业、正命法中。"

学佛的人第一步要放弃贪嗔痴。老实讲，修道人的贪心比任何人都严重，至少贪图成佛，说是什么都不要，其实什么都要。贪取自己跳出生死、了生死，这个动机是个大贪，这个大贪对与不对是另外一个问题，不要认为自己没有贪。至于一般学佛修道的呢？一边有这个出世的贪，一边又不肯去掉世间的贪，自己很放逸，真正的大贪还起不了。贪取是无厌的。"唯求财利"，财利是维持生命所必要的，这还算不错，最可怜的是被财利所迷，不知道为什么求财利。

"邪命自活"，学佛有三十七道品，最重要的八正道有正见、正思维、正语、正业、正命、正精进、正念、正定。什么叫正命？难道我们的生命是歪的？其实站在佛学立场看，我们现在活着的生命是"邪命自活"，并不知道正命为何。

正命就是生命的根本，那个东西永远不生不灭。贪求目前短暂的、靠不住的，把目前生命看得很牢的属于邪命。其次，我们现在顾全、爱惜自己生命，固然没错，但是在佛法眼光看来，现在众生谋生的方式，大部分属于邪命的做法，这个问题非常严重，值得讨论。我们看经典，这些小地方没有加以研究，很容易看过去。为什么这个叫邪命呢？这与经律论的戒律方面有密切关系。

他说，我们不但为自己，更要为一切众生，使他住在真正清净的身语业当中。这些都是学佛最基本的，学佛修持就是要我们去掉邪命的身语意，转成正命的身语意。身业有身三：杀、盗、淫；语业有四：

妄语、两舌、恶口、绮语；意业有三：贪、瞋、痴。要把这些恶业转为正业。普通学佛第一步，先修十善业道，就是身口意三业。身业属于生理行为方面；语业、意业偏向于心理方面。以佛学眼光看，无论生理与心理，我们的思想行为一天到晚都在犯罪，尤其心理上更严重，要把这种罪恶行为变过来、净化过来，住在身口意绝对清净的生活中，才接近于正命的生活。

身语意的道理，有三分之二是心理方面，有三分之一属于生理方面；这些道理都是佛经告诫我们的，实际上也是学佛最基本的，可以说非常难做到。一般人学佛只认为打起坐来求清净、去妄念很难，其实并不难。要妄念不起或清净是非常容易的事；反而是要把身口意三业绝对转入正业则非易事。这就是学佛往往会忽略的基本功夫，光喜欢搞那些看似高远的。基本的做不到，高远的也达不到，要身口意三业转入清净几乎不可能，但不是绝对！不可能怎么学佛？学佛就是能够把它转过来，不能转就是没有做到，没有做到就没有资格学佛。身口意三业，文字看起来很简单，极易忽略过去，讨论起来却很严重，我们自己都会觉得无立足之地，体无完肤。

晴时多云偶阵雨

"又作是念：一切众生常随三毒种种烦恼，因之炽然，不解志求出要方便。我当令彼除灭一切烦恼大火，安置清凉涅槃之处。"

这些都是引用《华严经》的文字。学佛的人随时要有如此存心和念头。他说，一切众生常常跟着心理上的三种毒素贪瞋痴转而不自知，更由这三种毒素引发了种种烦恼。换句话说，由于生理与心理互相影响的关系，我们随时会觉得在烦闷中。身体的不舒服，心里的不痛快，这些烦恼哪里来的？就是贪瞋痴三毒所引发的，这个问题讨论起来涉及很广，乃至我们今天觉得头昏，情绪特别高或情绪低落啦，都是由于贪瞋痴的远因引发了心理上、生理上的不痛快。

譬如这两天看同学们的笔记，有人提出心理的关系影响生理的经验非常大，因一念的怀疑，生理马上起大变化，这个经验在同学的笔记中有很多记录。这就证明心理因素影响生理变化有如此严重。

110

我们现在了解心理因素还比较容易，透过心理因素了解其动机的背后，是贪瞋痴等看不见的那股力量，真不容易！那个了解了，可以谈修道、谈用心了。光靠表面上的打坐与念佛是没有用的！你根本的起心动念自己都没有检查出来，那些是属于宗教性的情绪。换句话说，宗教性的情绪已经落在贪瞋痴的圈套中，而犹不自觉。所以学佛的人要有除灭一切众生三毒烦恼的心愿。

心开方有悟道份

他说，众生因为三毒引发种种烦恼，"因之炽然"，有三个层次，基本上是阿赖耶识种子带来的，下意识中有三种，这就要研究唯识了，根本烦恼贪瞋痴是一种，引发另外二种，即小随烦恼、大随烦恼等等，而归纳起来有八十八个结使。这些结使在心理上或下意识中，自己也检查不出来。把这些结使一个个解除了，才叫解脱、才叫悟道；并不是"咚"一下，我悟了，这样的悟道没有用的，你那个结使力量坚固得很，都在呀！你悟了什么道？全是自误，不行的。要把这些结使都解开了，还不是解除根本烦恼，而是解除随烦恼，解除根本烦恼那更难了！这是第二个层次。

第三个层次，由于三毒引发的烦恼，使我们现有的生命在烦恼中像火堆一样炽烧，心理与生理的火越烧越大，"不解志求"，不晓得如何发心立志，求出离烦恼。所谓出世就是离烦恼之牢。不晓得"出要方便"，跳出烦恼之网的要领。"我当令彼除灭一切烦恼大火，安置清凉涅槃之处"，他说我们学佛发心不只是为自己修，而要使一切众生灭除一切炽燃的烦恼，使大家与我安住在清净不生不灭之处。这是学佛人的发心。

我见瞎智眼

> "又作是念：一切众生为愚痴重暗、妄见厚膜之所覆，故入荫翳稠林，失智慧光明，行旷野险道，起诸恶见。我当令彼得无障碍清净智眼，知一切法如实相，不随他教。"

他说，学佛的人应该有此种存心念头，一切众生被愚痴、重暗、不正见如白内障的厚膜所覆障，因此进入阴翳的原始森林。被色、受、想、行、识五阴，生理的、心理的阴翳所遮蔽。我们本有的智慧光明，被后天的阴翳所蒙蔽，因此失去真正的智慧光明，这是第一点。

第二点，自己的行为太狂放，有如行走在旷野的险道，不仅如此，奔放的行为又生起一切恶见。邪见以外又加重许多恶见，自以为是。所谓"见"即见解、思想问题。我们学佛一定要使众生去掉阴翳、障碍，使他得到无障碍、清净的智慧的眼睛；使他知道一切法的本来面目——实相般若。

"不随他教"，真正成佛、大彻大悟，最后的智慧，都是我们本有的，不从他人那边得来。换句话说，佛法教我们依教奉行修持，最后成佛是找出我们本有的智慧光明。本有的智慧光明不是善知识或老师给的，也不从佛得，是我们本有的正命的光明。

"又作是念：一切众生在于生死险道之中，将堕地狱畜生饿鬼；入恶见网中，为愚痴稠林所迷；随逐邪道，行颠倒行。譬如盲人，无有导师；非出要道，谓为出要；入魔境界，恶贼所摄；随顺魔心，远离佛意。我当拔出如是险难，令住无畏一切智城。"

一切众生在现有分段生死的险道中打滚，快要进入地狱道，此谓心理上造的业接近于地狱的业，好比犯罪虽然没有触犯刑法的法律，实际上我们起心动念有许多时候都在犯法的边缘转，将堕地狱，或堕畜生饿鬼道中。人生所做许多事，自己不反省检查，大部分的行为跟畜生一样，自己不知道；快要完全进入畜生境界，自己也不知道。而且加上自己有许多见解。人对于自己的行为，常有许多解释。思想进入恶见网中跳不出来，结果因为没有得道的智慧，被世间愚痴的稠林蒙蔽了！除了堕落，还跟着别人在邪道中拼命快跑，所作所为均是颠倒行。

他说，我们现有的生命又譬如瞎子，无人引导。以佛学眼光看，我们现在所受的教育，所得的知识，所做的行为，并不是真正的超越，而是堕落，为什么呢？一切众生把不能使人超越的知识，当成宝贵的知识；把让人堕落的行为当成了不起的行为；结果"谓为出要"，自以为很高明，实际上已进入魔境界，被心理的恶贼所慑服。许多人自认为学得很对，结果却是"随顺魔心"走入魔道。"远离佛意"，名为学佛，却离佛本意越来越远；而学佛的人，就要发心出离险难，使众生住在无畏的大般若智城中。

欲流排旋瀑

"又作是念：一切众生为大瀑水波浪所没，入欲流、有流、无明流、见流。生死洄洑，爱河漂转，湍驰奔激，不暇观察。为欲觉、恚觉、害觉，随逐不舍。"

一切众生心理的思想，随时有一股力量在支配，这股思想力量如大瀑布一样进入"欲流"。欲流不作狭义的解释，男女之欲固然是欲的一种，实际上广义的欲岂只男女之欲，我们随时在欲望的瀑流中奔驰。

"有流"，一切想占有，本来这个世界什么都把握不住，可是一切人求生，随时都想占有。当然最重要的是，想占有自己的寿命，即《金刚经》所谓的寿者相，想把现有生命留住。当然你会说寿命看得很开，只要孩子们好、学生好。唔！讲得很好听，关键时刻孩子学生都可以不管，还是我最重要。如果把四肢截去才活得了，你一定马上开刀。但活着又是什么？其实我们并没有找到正命，贪执生命就入有流。

"欲流、有流、无明流、见流"的流是形容词。"无明流"更普遍，这两天闷闷的，很难过，为什么？既不感冒又不头痛，找不出理由，简单地说是无明之流在作怪。一股无明的力量发起来，你仔细研究，或者属于生理的变化，譬如女性比男性明显一点，不是男性没有生理的变化。女性有周期性的生理变化，到时间非闷一下、非烦恼一下不可，脾气非来不可，过后一下好、一下坏，这就是无明的作用。男性也一样。许多青年、壮年的朋友，突然莫名其妙地情绪不好，或者胃口不好，饭也吃不下。此种情形皆是这股无明在作怪，它像是一股流水一样回转性地跑，你左右不了它，它左右了你。这就是所谓邪命当中的一股力量，要把这些转过来，才真正是修道学佛的功夫。

"见流"，我们被自己主观的思想观念如瀑布一般的流水牵着走，这股流进入哪里？进入爱河旋转漂流。爱河也是形容词，爱流与有流是同一个东西，都想占有，所以说爱就是占有。以前在学校教书常说这个话，尤其女同学多，经常要我讲爱的哲学，发表对爱情的看法。我说我这个人上自天文，下至地理什么都懂，就是中间不懂这个。

占有就是私心，也不是私心；就是这个意念，也不是意念。这里头有个东西，这也是生死的根本，乃至了生死也是了这个东西，这个东西不了，始终跳不出来这些流。我们无以形容它，只好叫做"爱流"。

生死在爱河漂转，"湍驰奔激，不暇观察"，我们就在这样一个邪命、邪见的生命状态中奔跑，忙得没有时间反省观察自己心理、生理方面的牵引力量。学佛讲净观观心，密宗则有所谓修观想，就是要把这个东西找出来。这股力量的根本何在？怎么来的？等于我们刚才提到，不管男女，有周期性的情绪变化，你要找出来。像今天我问一位同学跑到哪里去了，他说去验血了。为什么？怕有肝癌！他说感觉到最近很容易疲倦。我说对，应该去验。可见他随时注意自己，反转来观察自己，什么理由？如他检验出不是肝癌，更要进一步找自己心理上是什么原因会形成这样，这些都有其原因的。

众生的劣根性

所以我说真正学佛用功的人，要非常严谨地反省自己，随时检查自己生理与心理的变化。学佛是科学的。以现代名词来说，所谓科学就是懂得理论，并实际地去实验，不是感情的相信，情感有时是盲目的。没有这个精神，没有空观察自己，结果不知道自己被欲觉追逐不舍。注意啊！"欲觉、恚觉、害觉，随逐不舍"是贪欲作祟。注意这个"觉"字，"佛陀"二字翻成中国文字是正觉，正觉是什么觉？就是睡觉睡醒了！我们都在睡，白天也睁着眼睛迷糊地睡。因此"佛陀"二字不能翻，中文睡"觉"、"觉"悟的觉，含意不能包括完全，而知觉、感觉也都是这个觉。

"欲觉"，有时候感觉想吃面，不想吃饭，胃肠的食欲来了，这也是欲，饮食的欲，"饮食男女"是人生基本之欲。今天想吃荤，明天又想吃素；今天想吃甜，明天想吃咸，这固然是心理作用，但是这个欲觉也是周期性的。欲一来你就感觉到要怎么做了，被它所支配。

众生聪明得很！这个感觉灵敏得很！但是他不晓得这个感觉是在欲觉的范围，不但自己检查不出来，而且还认为理所当然。拿现在一般心理学来说，不跟着做还违反人性哪！

"恚觉"，瞋恚，瞋就是发怒、发脾气，莫名其妙，心里一肚子火，看到这个也不对，那个也不顺眼，格老子就是我对，这就是恚心。每个人都有这种心理，大家仔细反省检查一下。尽管有许多人态度友善，那是假的，心里想："格老子，我才看不起你呢！你是混蛋！"这就是恚。这一念瞋恚闷在心里，真的非常厉害，尤其在我的感觉与经验看，瞋恚心在内而不外发的人更严重，往往会形成肝脏的毛病。我个人几十年的经验，常常看到许多朋友就说："小心肝啊！到中年更要小心。"人家问我："什么理由？""没有理由。"我不好意思讲，这种脾气压在里头，又不敢发出来，肝不出毛病才怪呢！百发百中。所以，有许多毛病都是"恚觉"来的。注意"觉"字，其实你自己感觉得到，力量出不来，有时心里晓得很讨厌，自己没办法去掉。学佛的基本在这里，不是一天到晚阿弥陀佛、阿弥陀佛，嘴上的那个没有用，要在这里头观察。

"害觉"，这厉害了，随时想占人家的便宜，不但对人，对事情也一样，总想自己多一点好处，害人家一下才过瘾。乃至在公共场合，只要过团体生活就看得出来，团体生活哪个有公德心？为何没有？明知道不对，会害了别人，几条抹布摆着，没人看到就拿人家的抹布擦，绝不用自己的。怪了！为什么自己的东西要保持干净，非要用人家的不可？这样一个微小的心理行为，大家想想看，都有的，怪得很！随时生害心，以害他为快乐，这是恶的一面。但有时善意的行为也会害人，过分的招呼和关爱，我反觉受害。等于关怀一个孩子，爱心愈重，往往愈是害了这个孩子。我们的心理行为随时在错误中颠倒行，可是平常却认为这种心理行为是对的，自我解释这种行为不是害他，是爱他。他说我们的心理行为在错误颠倒当中，"随逐不舍"，接续不能停止。下面还有更严重的：

我执变罗刹

"身见罗刹于中执取，将其永入爱欲稠林，于所贪爱深生染著。"

把自己身体看得非常重要。身见是我见最明显的现象，如果对一个学者说他有"我见"，他一定辩称他大公无私，绝无"我见"。"你既然无我，我要你身上一小块肉、一滴血，好不好？"他不甩你耳光才怪！此即身见。别人多坐了你的位子一下，你就起瞋心，公共汽车、火车上经常可见。自身大家看得非常重要，你能够舍身见那还得了！全体应该顶礼膜拜，此人差不多了！虽然不是什么罗汉果，至少也是个小苹果，已经初步有个果了！身见是很难舍的。他说我们的身见同罗刹鬼一样，被恶魔抓住。诸位在此打坐修道学佛，为什么不能得定呢？就是"身见罗刹"这个玩意在那边执著，结果你两腿一盘坐在这里搞什么？跟身见罗刹玩。身见忘不掉，修什么道？而且，因身见再配合颠倒错误的心理作用，"其永入爱欲稠林"，心理与生理两者配合，两伙计把我们拖入爱欲的黑森林中转不出来。我们的生命对现有的种种生起贪与爱，深深地染著其上，舍不掉。

傲慢谁得免

"住我慢原阜，安六处聚落，无善救者，无能度者。"

一切众生当然包括我们，很可怜。由心理到生理，两方面综合为我慢，在我慢的原始高原上。譬如自尊心，本来是件好事，一个人没有自尊心那就完蛋了！自尊心是应该有，但是有许多自尊心理恰是我慢。所谓贪瞋痴慢疑是天生的，婴儿从一懂事开始，我慢就来了，尤其到幼稚园、托儿所去看看，小孩子早就生起我慢心。然而现代的教育都在培养我慢心，尤其西方崇尚个人自由，个人自由的观念弄不好，我慢越来越大，这里头是个大问题。慢是以个人自我为第一的那种崇高的心理。由于我慢，"安六处聚落"，就是眼耳鼻舌身意霸占住一个自我的慢心。人生被他这么一描述，真是一无是处。这个世界上没有一个人善于救你，也没有一个人能够度你。

良心待发现

"我当于彼起大悲心，以诸善根而为救济，令无灾患，离染寂静，住于一切智慧宝洲。"

学佛最基本的发心，应当发起大悲心。那么，帮助人以何种方法最好？就以一切善根而为救济，是最好的帮助方法，如何运用？那要看个人的智慧了。换言之，利人利世要以智慧行之，六波罗蜜均须大智慧为导才行，如何使人生起善根善性，方法要随时变化。如果跟他打一架而能使他从此发了善心，那你宁可跟他打一架。问题在于你要如何使人生起善根？方法怎么运用？随你方便，此即方便般若。所以帮助众生最好"以诸善根而为救济"，激发他的善性，真目的就在使他"令无灾患，离染寂静，住于一切智慧宝洲"，这是利人利世的目的，所谓度人是如此的度。

使他生起善根，灭除什么灾患呢？离开生死苦海的灾患。世间恶业的灾难、染污太重，把古文"染污"倒过来念，就变成时髦的名词"污染"，立刻懂了。此谓新时代、新文化就是那么一件事，新来新去还是那个东西，新瓶装旧酒。现在酒杯还得歪着倒酒才是时髦动作，不像从前的人两手斟酒，那落伍啦！但其实一样还是倒酒。

要使他离染，使他住于寂静，寂静的涅槃，道的境界，住在一切智慧的宝洲，真实地上。

第三十讲
春去引得千春来

众生如囚

五蕴皆空

应无所住即不执著

「这个」是真的！

请大家不要见外

神话也可能是老实话

莫把客栈唤家乡

手掌与拳头

大贪瞋痴与小争爱痴

春去引得千春来

众生如囚

"又作是念：一切众生处世牢狱，多诸苦恼，常怀爱憎，自生忧怖；贪欲重械之所系缚，无明稠林以为覆障，于三界内莫能自出。我当令彼永离三有，住无障碍大涅槃中。"

这一段引了许多佛经经文，看似重复，仔细看都不重复，那是因为文字翻译得太好、太明白，反而使我们看浅了。

佛说一切众生处在这个世界上，就像在一个大牢狱中。没有成道以前，每一个人都在坐牢，所以佛经说三界（欲界、色界、无色界）如牢狱。三界包括三千大千世界，乃至太阳系中所有的生命也还在欲界中！我们被判了罪住在大牢狱中，自己不知道。虽然是牢里的犯人，不但凶得很，还管别人。佛说可怜这些众生，现处牢狱而不自知，而且在牢中"多诸苦恼"。

更严重的是："常怀爱憎"。众生的心理，不是贪爱就是讨厌。我们的心理一天到晚碰到人、碰到事就是两件事：爱与憎。在这种心理状况下，生命都在自生忧怖，被种种贪欲的器械所缚绑住，被无明的稠密森林障碍住，在三界中跳不出来。我们学佛的人要使他"永离三有"：欲有、色有、无色有，住在无障碍的大涅槃中，这是学佛的诚心所在。

五蕴皆空

"又作是念：一切众生执著于我，诸蕴窟宅不求出离；依六处空聚，起四颠倒行；为四大毒蛇之所侵恼，五蕴怨贼之所杀害，受无量苦。我当令彼住于最胜无所著处，所谓灭一切障碍，住无上涅槃。"

诸蕴就是五蕴：色、受、想、行、识。为了修行求证，大家要特别注意"六处空聚"，六处：眼、耳、鼻、舌、身、意。在我们感觉是有，在佛学的眼光看，假使有人修行真正悟道、证道，会晓得这六处是"空聚"。空聚不是空，是假有，看起来存在，实际上没有永恒固定的存在。要在六处证到是空聚，学佛用功，差不多有点希望了。大家学佛打坐用功，对此往往并没有了解。我们要在智慧上了解何谓空聚，再做功夫，才会进步，这是两层意思。换句话说，打坐、念佛、参禅做功夫，是内在智慧做功夫，要随时晓得在六处空聚求证空性，这才是真正的用功，不要搞错。

一切众生不知这身心是空聚，在认知上把它当作实在，所以生起四种颠倒行，"为四大毒蛇之所侵恼"，地、水、火、风是四大毒蛇。"五蕴怨贼之所杀害"，五蕴：色、受、想、行、识是人的怨贼。换句话说，人生下来虽然是假的生命，非正命，但是也可以把寿命变成如正命一样，活得很长。为什么不能活得很长？被四大毒蛇之所侵恼，被五蕴怨贼之所杀害，认错了方向作用，因此受无量的苦。这些理论都是功夫。

应无所住即不执著

"我当令彼住于最胜无所著处"，最胜就是最好，最好的是什么？是"无所著"，让一切众生都无所执著，"所谓灭一切障碍，住无上涅槃"。大家找找看，有没有一个无所著的地方？我们盖房子、买房子，都是有所著，怎么去找一个无所著？哪里是无所著？尤其现在年轻同学，喜欢讲禅的，都找到了——《金刚经》上说的："应无所住而生其心"，那个地方就是无所著。但怎么去"应无所住"？你去体会，从这句话就可以找到"最胜无所著"，灭了一切障碍而住无上涅槃。

那么，永明寿禅师一口气引用那么多经典，目的何在？要我们了解心意识法门和生死的重要，他引经据典给我们参考，我们冒然一读，不明白他引用那么多经文干什么？你要晓得永明寿禅师编撰这部书的时候，非常用心，佛经浩瀚，他为什么抽出这几段放在这里？所以不要马虎看过每一句，忘记当时作者与编者的苦心；如果不了解这点，就白读这本书了。而且当时编辑部不只永明寿禅师一个人，他是总编辑，天下高僧一百多人，都是了不起、有成就的，至少在佛学上都有成就。讨论到最后，他引证了这些经典，所以大家不要轻易看过去，每一段都看它的深意。

"这个"是真的！

所以如上经云："我当令彼住于正见，行真实道。"

所以说，上面所引用的经典，总括起来，内容的大要是佛说：我要使一切众生住在正见上，思想观念对佛法的认知要正，然后修行要行真实的道。换句话说，对佛法的认知，对思想、学理的了解不正确，你修行走的路子就不是正道。

又云："令彼安置清凉涅槃之处。"

归纳经典说，都是要我们度一切众生，包括自己，安顿在清凉涅槃之处，不再受苦。

又云："令彼知一切法如实相，不随他教。"

他归纳佛经佛所说的话，重复提出重点。他说佛说的，度一切众生，教化一切众生，使一切众生知道一切法本来是实相，真如实相。真如实相不跟你谈空，也不说有。说佛法是谈空，错了；说有，也错了。形而上本体，生命本有的本来，佛法名词无法形容，只好给它一个名词叫"真如实相"。换句话说，实相是真有这么一个东西。

所以，到了中国禅宗祖师们，无法讲。真如啊、实相啊、如来啊、涅槃啊！反正圆的、长的、扁的，都给他们用光了。中国禅师们很简单，就用"这个"来表示。现在，禅师们也过去了，我们就用闽南语"按呢生"！就是这个东西，这个东西就是真如，就是道。那么还好用"这个"，如果连"这个"都不用呢？就是手拍一拍，脚蹬一蹬，就是它。但大家不要光手拍一拍，光是拍痛了！

他说，一切诸法的实相不属于他教。刚才我们也强调过这句话，这是佛说的。达摩祖师也说过"不从人得"，道不是那个人给你的，你本来就有，你要把自己那个东西找出来。佛的教育就是用种种方法使我们找出生命本来的那个东西。你找到，那你就成功了！成佛了！拿西方宗教讲，你就得救了！就安心了！

又云："令住无畏一切智城。"

这是佛法的基本目的。

又云："住于一切智慧宝洲。"

这句重点再摘选下来。

又云："令彼住于最胜无所著处。"故知句句悉皆指归宗镜。

永明寿他老人家很高明，他说，这些经文的重点都在我这本《宗镜录》里。所以我封他为最佳广告人，事实也是真的。这本书的内容把佛法的重点包括完了，最宝贵的都归到《宗镜录》了。

124

请大家不要见外

接下来又是另外一段，小标题是："心外无法"。

何者？若悟自心，即是正见，离颠倒故。

这是一切唯心。真正的佛法是绝对唯心、纯粹唯心，包括心物一元的那个心。什么理由？假使真能悟到自心，真正明心见性了，才称得上正知见。在没有明心以前，你佛学讲得再怎么倒背如流，不能算是正知见。真正悟心才是正见。得到正见，才离开一切颠倒。接着他又引用佛经：

《楞伽经》云："心外见法，名为外道。"若悟自心，即是涅槃，离生死故。

禅宗与唯识宗都是宗《楞伽经》，这部经上说，佛以心为宗，佛法以心为宗旨。人家问你什么是佛法？"心就是佛"，这句话是佛说的，没有错，佛以心为宗。《楞伽经》有三种翻译，这一段是说"心外见法，名为外道"，修法学佛在心外求法就叫外道。

千万不要带宗教情绪解释"外道"这个名词。每一个宗教都说自己是正道，你不信我这个就是外道。其实，"外道"是个通用名称。凡是学过宗教哲学的人，非常讨厌"外道"这个名词，也可以说，这个名词很丑陋，怎么说？因为这个名词后面就包括了一种人我意见的斗争，实在很讨厌。

其实佛法所讲的外道并非排他性的。外道有个定义：心外求法都是外道。《楞严经》讲五十种阴魔，最后，声闻缘觉、四禅八定、阿罗汉、辟支佛都被佛打入外道，不是我们归类的；因为他们明心见性不彻底，只见到一半。我们了解佛学真正的道理，不要轻易说别人是外道，这不是佛法的胸襟。所以我常劝人多看《华严经》，这部经是什么胸襟？用《金刚经》的话来说："一切贤圣皆以无为法而有差别。"也就是说，一切宗教理论都是对的，只是程度、层次的差别而已！这等胸襟才是佛。

我年轻时，如果看佛经也同一般宗教一样讲"信我者得救，不信我者下地狱"，我才不学呢！我宁可下，像下电梯一样，下了我好到马路上，没有什么了不起。为什么这样呢？这太不伟大了。

所以真正的佛法是：善人要度，恶人也要度；对的要度，不对的更要度，度的方法不同而已！慈悲不分等次的，更不要拿宗教性、排他性来对待别人，这完全错误。一位客观的社会学者、大政治家、思想家都不会搞这种狭隘的事，何况涵盖三界的出世之道。这点特别注意！如果学佛的人有这种观念，非常抱歉，严格地讲，他已经违反佛的教诫，犯了戒了。

所以我特别提出这点再三强调，尤其一般学佛的同学们，胸襟要放大，更不要在教内搞宗派观念，那更讨厌！一碰到这些思想到我这儿，烦得要死，我就一句话："我不懂，你另外去找人。"因为要把他这些不正确的知见改正过来，要花很大的脑筋，与其为一个人花那么大的精神，何不为千万人花精神多好呢！等他自己碰了钉子，受到反面教育，回头再来，我等他啊！

《楞伽经》说，"心外见法，名为外道"，换言之，学佛在佛教内心外求法，即是外道的修法。

"若悟自心，即是涅槃，离生死故"，明心见性，悟道即是涅槃。证得自心，悟到了自心，证得涅槃，自然就跳出生死。经典都讲大原则，就是那么简单。怎么样才叫悟到自心？ 在没有悟道以前，有许多修持的方法，我们依此方法慢慢修行而达到悟到自心。接下来是有关《楞伽经》的论著：

> 《论》云："心外有法，生死轮回。若了一心，生死永绝。"

如果学佛的人，有"心外有法"这个观念，就是在生死轮回中跳不出来。真悟到明心见性，悟到一心，就脱离了生死。

> 若悟自心，即是实相。离虚妄故。

假使有人真能悟到此心，就是所谓证到实相般若，那么，就远离虚妄、颠倒妄想，这就是佛境界。永明寿禅师引用《楞伽经》原文，及其经论再三重复强调，使我们切记：心外无法。佛法的宗旨、真正的中心在这里。还没有完，下面又引用《法华经》两句原文：

神话也可能是老实话

> 《法华经》云："唯此一事实，余二则非真。"若悟自心，即是智城，离愚痴故。

《法华经》的重点是：世界上所有难以言喻的事都是假事，只有一件事是真事，什么事呢？把《法华经》研究完了也不晓得什么事？《法华经》之妙难以言喻！《法华经》与《金刚经》一样，从南北朝以后，影响整个中国文化一千多年，儒家、道家、诸子百家、民间受其影响至深。

念《法华经》，有时念得头大，尤其令知识分子头大。因为里面专说神话故事，你要透过神话故事，才晓得这么一件事。等于《庄子》一样，但比《庄子》难读多了！《庄子》都是寓言，以一个故事代表一件事情。《法华经》却拿许多故事代表一件事：成佛。怎么成佛？你要从诸多故事中自己去领悟其旨意和方法，这是它的特点。我们年轻喜欢搞佛学的，一看《法华经》就把它"束之高阁"，懒得看这些神话故事。到了中年，年纪大了慢慢翻来看，唉呀！这里头有东西。你看多难！

莫把客栈唤家乡

世界上的真理只有一个，绝无第二个，有第二个不叫做真理，所以"余二则非真"。翻开《法华经》，这一件事是什么事实？你就找不出来了！神话故事一下懂不来。"若悟自心，即是智城，离愚痴故"，你真悟到了自心，你就到达了智城。《法华经》中讲了许多东西都是化城，化城是沿途的上下站，不是终站。搭公共汽车到了终站，司机请全体下车，终站就是宝所。

禅宗也好、净土也好、密宗也好，各宗各派方法不同，佛法的宗旨是一样的，终站的目的是涅槃、实相，那是宝所。公共汽车沿途的站都是化城，你要在哪一站上、下车都无妨。如果你坐这一站觉得不好，下车走二三站再上车也无不可，那都是化城。所以他说，若悟此心就到了宝所目的地。成佛就是这么回事。在没有成佛以前，佛说众生愚痴——笨蛋，那是实话实说的名词，只有真正成佛，到了智城，大彻大悟的人才不笨。

手掌与拳头

> 《思益经》云："愚于阴界入，而欲求菩提；阴界入即是，离是无菩提。"若悟自心，即是宝洲，具法财故。

《思益经》是大乘经典，全名为《思益梵天所问经》，其中佛说得更妙，他说凡夫愚痴的众生，在生理与心理上都是"阴界入"。"阴界入"是三个层次，阴是五阴：色受想行识；界是十八界：眼耳鼻舌身意六根，色声香味触法六尘，以及根尘之间的眼识、耳识、鼻识、舌识、身识、意识；六入即六根。换句话说，一切众生在没有悟道以前，都被佛骂成愚痴；愚痴众生在五阴、十八界、六入的生理上、心理上求道。佛把我们骂惨了！想想看！我们搞打坐、念佛、参禅，哪个不在这上面求道？真正学佛要提醒自己警觉，两腿一盘，不要在阴界入上面去求菩提；在这个上面求明心见性，求不到的哟！愚痴众生都在阴界入而欲求菩提，这是佛骂的第一句。

第二句，"阴界入即是，离是无菩提"，这也是佛说的话。他说生理、心理全体都是道，离开这个生理、心理就没有道，你说佛他老人家说的什么话？都是他讲的，一方面说这个不好，这个不是拳头，是手心；反过来，又说手心握起来就是拳头。这个道理何在？

难怪清初有名的学者顾亭林，看佛经看得厌烦，他就看不懂，学问那么好，却没有智慧。但顾亭林比方得很好，他说佛经没有什么，一个桶装水，一个桶是空的；倒过来是空，倒过去还是空，始终是这么一个东西。他当然看不懂，所谓"**佛法者即非佛法，是名佛法**"，这是什么话？一桶水倒来倒去。"**愚于阴界入，而欲求菩提**"是不对的；接着又说"**阴界入即是，离是无菩提**"；倒过来、倒过去都是他说的。

对的，其实我们不管怎么样，这些经典我们最容易忽略过去。实际上，想学佛修道，真正踏实的功夫，就要从这个地方去了解。先要离身见、离我见，离开阴界入，空掉了，然后回转来了解这个心理、生理全体都是它，那才可以。你不要只看它反过来、反过去。以求证功夫来讲，先不能空去身心两面，认为这个就是而在这上面转，那全错了！如果空掉身心，认为空的一面对，那是小乘、罗汉；要反转过来起妙有，才是大乘菩萨境界，才能证得菩提。

大贪瞋痴与小争爱痴

"**若悟自心，即是宝洲，具法财故**"，你真正能够悟到自己是佛，悟道、证道了，你就到达空所了，也具备了法财，佛法的智慧福德，你全都具足了！佛再三强调心外无法，离心以外没有佛法。

接着，引用李长者的《华严论》：

《华严论》云："宝洲在何处？即众生心是。"

讲了半天，宝洲在哪里？就是我们的心。

若悟自心，即是最胜无所著处，离住相故。若心外立法，则随处生著。

就是刚才讲的《金刚经》："应无所住而生其心"，此即宝洲。如果心外求法，处处都在执著中，执著就不是佛法。

《法华经》云："拔出众生处处贪著。"

130

《法华经》这八个字很妙，古文很简洁，以现代眼光看有二种释义：一、佛法帮助众生跳出了处处贪著；二、真正超出三界的众生就成佛了。在哪里超出呢？就在处处贪著上。跳出三界外到哪里去？等于平常恭维人的一句话："百尺竿头更进一步"，更进一步到哪里去？高明到极点还要下来到平实。跳出三界外，没有第四界啰！第四界在三界中。《法华经》不但故事妙，经文也妙。

"拔出众生处处贪著"，佛法教众生离开贪瞋痴才能成佛，反过来说，若要成佛却要大贪瞋痴。什么叫大贪？明明知道众生度不完，还要度尽一切众生，这个贪心多大！瞋是发脾气，一切情感，一切世界情欲，拔起慧剑一刀斩断。这是多大的瞋念！金刚怒目，降一切魔。明知众生永远度不完，生生世世永远在轮回中，每位成佛的却都是再来人，你看这多痴！真是痴到极点！大慈大悲就是大有情、大痴心。所以真正成佛，是把个人的小贪瞋痴转化发展到爱护一切众生的大贪瞋痴，升华到如此伟大，如此崇高！就是这个东西。因此真正成佛的人，是"拔出众生处处贪著"，那才是真贪著，虽然贪著，却是拔出众生种种的苦。

春去引得千春来

《金刚经》云："若菩萨心不住法而行布施。"如人有目，日光明照，见种种色。

六祖因《金刚经》"应无所住而生其心"而开悟，这句话是《金刚经》的重点。《金刚经》是须菩提问佛修大乘的方法，他问："应云何住？云何降伏其心？"就像同学问："在什么境界才能定住？打起坐来烦恼妄想不断，怎么把它降伏？"佛说："应如是住，如是降伏其心。"佛答复得很妙。弟子问："老师，心怎么降伏？怎么定位？"佛回答："是啊！就是这样降伏，就这样定住。"说了等于没有说。如果你们问我，我这样回答，你不翘嘴巴也会瞪眼睛。你问："怎么定？""说定就定啊！""怎么样把妄想降伏下去？""说妄想，妄想就没有啦！"你说："不懂。""你不懂，我也不懂呢！"其实就是这样嘛！很简单。

因为须菩提表示不懂，佛只好一再说明，最后才说出来："应无所住而生其心。"加个应该，已经变成方法，落到下一层。此心本无所住，在哪里住？住在哪里？打坐学佛所以不能得定，是你想把心留住啊！留得住吗？任何一法怎么留？"逝者如斯夫，不舍昼夜"，留不住的。因为留不住，此心活泼泼的，长生一切法，它本来住在这里，要从这个道理上去悟。

接着佛提出种种比喻，譬如以布施来讲，布施分三种：一是内布施，包括法布施等等；二是外布施，即财物布施；三是无畏布施，包括内外等等。现在我们所讲的比较偏向内布施。

"若菩萨心不住法而行布施"，布施就是舍。大家念《金刚经》要懂《金刚经》，佛不是把方法传给你了吗？"心不住法而行布施"，结果你打起坐、念起佛来，阿弥陀佛一次、阿弥陀佛二次……准备念一万次，你心住于法嘛！念佛只是个法门，念过就念过了，此心就是净土啊！古德云："有时且念十方佛，无事闲观一片心。"这就是念佛。"有时"，有的时候，不但念西方阿弥陀佛，东方药师佛、南方宝生佛、北方不空佛，随便你念。"无事"，没有事的时候，闲观一片心啊！此即

"菩萨心不住法而行布施"。

　　大家在这里修定慧，定也定不好，慧也慧不起来，换言之，既不定又不慧，什么道理？"心住法而行布施"。你不是修大乘道吗？最喜欢禅，"馋"，给你你又不吃，金刚钻端给你吃，你又吃不下。可见你肚子很饱，不馋；真"馋"（禅），就吃下去了！"菩萨心不住法而行布施"，如果做到这样，此人张开了眼睛，一切道理都看通了，本空嘛！就是金刚般若波罗蜜，这道理不是明白清楚得很吗？《金刚经》都会念，可惜那是《金刚经》会念你，你不会念《金刚经》。如果真晓得念经、真晓得修净土，好好体会这两句："有时且念十方佛，无事闲观一片心""应无所住而生其心"。

第三十一讲
空心具足八万门

肉眼与心眼

有相光和无相光

空心具足八万门

取舍平等　本来无事

人生艰难唯放下

心尘若了入无生

法法皆门

一颦一笑都佛事

华飞钏动悟禅心

猴学人　人学猴

重法也要重人

肉眼与心眼

上次讲到，"若菩萨心不住法而行布施，如人有目，日光明照，见种种色"。接下来是它的结论：

> 是知心目开明，智日普照，光吞万象，法界洞然，岂更有一纤尘而作障翳乎？

这段重点在"心目开明"。有一点千万要注意！一般学佛的一看到"心目开明""光吞万象"，都会产生一个有相的观念，闭起眼睛找心，把现有的眼睛当成目。这个心目并不是有相的眼与心。譬如人在作梦，在梦境之中也觉得有眼睛看到景物，所看之物并非这个肉眼在看，这个眼睛在休息。梦中身也类似于菩萨境界的意生身，意识所生的身，眼、耳、鼻、舌、心都有，有感觉，吃东西也觉得饱，实际上是意境中的东西。那个意不纯是第六意识的明了意识，是第七识缘第八阿赖耶识所生的独影境。我们平常用功做功夫，都是拿现有肉体的心目去找，基本上是个大错误。

有相光和无相光

"光吞万象"，禅宗等引用的很多，大家往往也有错误的观念，追一个有相的光。有相的光不能吞万象。研究地球物理、太空科学的就知道，地球外面到其他星球之间是黑光，超过地球，有一层外面全是黑的，这个黑，不像地球上黑夜的黑，那又是另一种黑。过了这一阶段，慢慢接近其他星球，又有光进来了，当然还是属于这个太阳系统。

现在科学界又有新发现，太空中另有黑洞，不知道是什么？目前科学界正在追究这个东西，不管什么东西，什么光进入黑洞，全化为乌有。实际上以中国玄学来讲，有太阳的光明，就有黑暗，有阳就有阴，自然有类似黑洞的道理存在，跟人体一样。像这类科学知识必须留意，科学知识越渊博，对修持的道理越有帮助。大家学佛打坐，不要拼命把自己投入情绪的迷信，走入宗教的路线，忘记了这是一个最高最深的佛学道理。因此，对"光吞万象"一语，不要执著有相的光。

空心具足八万门

下面一节是《金刚经》的论，就是叫我们"不住于法"：

> 如是则空心不动，具足六波罗蜜，何者？若不见一尘，则无所取；若无所取，亦无可与，是布施义，是大舍义。

布施就是舍，换句话说，就是空掉，心不住法而空掉。经常有人说心空了，你有个空心已经著法了。

这段解释内布施，布施就是舍，舍就是放下，就是丢，什么都丢，文字本身解释得很清楚。"如是"就是这样。什么叫空心？如如不动，真达到空就含六度波罗蜜：布施、持戒、忍辱、精进、禅定、般若。空是般若的实相，也就是万法、一切众生生命本来的体相，这是空。直达到空性不动，已经当下具备了六度波罗蜜；换言之，佛法八万四千法门都包括在内。"何者"，什么理由？就是六祖悟道后所说的，"本来无一物"，一点都没有，不过"一点都没有"这话有语病，不是世俗所说的没有，这个"没有"，还是形容词，不是断见，真达到空的境界；"不见一尘"，自然无所取。譬如在座各位用功做功夫达到空的境界，实际上你那个空是有所取，有个境界存在。真的无所取呢？无所谓布施，无所谓丢掉，也无所谓放下。"是布施义"，这样才是真正的大布施、舍。所谓大布施，没有放下，也没有不放下；没有空，也没有不空，在理上，此即谓"当下即是"；那么，在事上要求证。接下来又引用佛经：

取舍平等　本来无事

　　故经云："无可与者，名曰布施。"如是则悭施同伦，取舍平等，不归宗镜，何以裁之？

　　这个布施是讲有相布施，把金钱、衣物、饮食布施给他人。在佛法大乘道戒律，学佛的人真布施要三轮体空，三轮是施者、受者、所布施之事。佛法的布施，无所谓施者，无所谓受者，也无所谓施事，等于小孩子玩沙子泥巴，玩着玩着随便就把沙子舍掉了，无心的，此即"无缘大慈""同体大悲"，这样才是真布施。如此，就可了解"无可与者"，没有东西可施，也没有东西可接受，这叫布施。懂了这个以后，就晓得悭吝与布施，都是属于相对的同等范畴。

　　在中国文化杨朱哲学的一毛不拔，大家耳熟能详，其思想即是西方文化哲学个人自由主义，绝对个人自由，拔我一毛利天下而不为；同时也不想拔你一毛而利我，这是杨朱哲学的道理。墨子哲学则是：摩顶放踵以利天下在所不惜。两者皆是孟子痛心疾首所反对："天下之言，不归杨即归墨。"杨朱之学即是悭，坚守本位，悭吝到极点；拿墨子道理来比方，两者绝对相对，思想、做法都相对；而在佛法一念皆空，内外布施、三轮体空的情况下，"则悭施同伦，取舍平等"，无所谓取，无所谓布施，施者受者乃至所施之事，都当下体空，没有事。要想深切了解此理，必须归到《宗镜录》这本书，亦即要了解心地法门的道理，否则，你所讲的道理，都得不到真正的仲裁。

接下来引证宋代以前，唐末五代有位禅师———一钵和尚的一首歌，歌中提到内布施的事：

人生艰难唯放下

> 如一钵和尚歌云："悭时舍，舍时悭，不离内外及中间；亦无悭，亦无舍，寂寂寥寥无可把。"

这几句我建议年轻同学用闽南语、客家语或广东话来读，比较接近唐音。"无可把"就是无可把抓，用"把"字，不用"著"，是为了诗歌音韵的押韵。"悭时舍，舍时悭，不离内外及中间"是讲内布施，当我们一念放下，到达内外在皆空的境界，那是"亦无悭，亦无舍，寂寂寥寥无可把"。①

接下来又引用永嘉大师的《证道歌》。不过最近几年有一位和尚说，根据他的研究，《证道歌》不是永嘉大师作的，是菏泽禅师作的，我们懒得去批驳它。

> 又《证道歌》云："默时说，说时默，大施门开无壅塞；有人问我解何宗，报道摩诃般若力。"

这个也是讲内布施的道理，禅宗这类语句诗歌，大家都很熟练，不多加解释。

心尘若了入无生

> 又若不见一尘，则无持无犯，故云："若觅戒三毒，疮瘢几时
> 瘥；辱境如龟毛，忍心不可得。精进心不起，无法可对治；内外
> 心不生，定乱俱无寄；悉入无生忍，皆成般若门。"

138

　　这是永明寿大师引用另一位禅师的语录，讲持戒的问题。真正到
了一念心空"本来无一物，何处惹尘埃"的境界，不是理论上，而是
修持功夫真证到此境，那就无所谓持戒，无所谓犯戒。因为真正证到
本来无一物，昼夜都在空的境界上，用不着持戒，当然也没有犯，所
以"无持无犯"。凡夫在还没有成道以前，贪嗔痴三毒，有如身上的毒
瘤，假使证得一念空，就不怕这个东西了，那么"辱境如龟毛"，也无
所谓忍辱了。有一个心去忍辱已经不是真正忍辱，真正证到空，无所
谓辱。

　　"忍心不可得"，忍心是对忍辱的事相来讲。碰到一件事，我们心
里非常难受，要拼命忍，这是忍境；忍到把这件事解脱了，这是忍心。
一个是心的境界；一个是事的境界，他说忍辱也不可得。

　　"精进心不起，无法可对治"，真达到空的境界，本来就在精进中。
没有成道以前，精进是为求进步，进步到最后那个空的境界，既然达
到空的境界，也就无可进步处。不过，这句话要注意，自己没有到达
空的境界而想偷懒，然后拿两句话念念说已经到达这个境界，那是自
己在造业。

　　"内外心不生，定乱俱无寄"，真达到了无可得的境界，内心、外
境都不起了，无所谓修定，也无所谓散乱。既不散乱，何必修定？修
定是因为有散乱心，有三毒烦恼，真到了无散乱心，无烦恼无妄想的

境界，何必修定！为什么呢？因为本来在定中嘛！所以说"**内外心不生，定乱俱无寄**"。六度都不行而自然到达这个境界的，叫菩萨得无生法忍，"生而不生，不生而生"谓之无生。"**悉入无生忍，皆成般若门**"，自然而然达到般若境界，这就是大智慧的成就。这是引用经论"心外无法"的道理，永明寿禅师写到这里，有人提出问题了：

法法皆门

问：**本宗大旨举意便知，何待敷扬劳神述作？**

这二句是一个问题。有人问：大师啊！你所提诸佛菩萨心中大要的宗旨是什么？心中大要就是指《楞伽经》的"无门为法门"，真正的佛法没有一个方法，以无门为法门，佛语心为宗，本宗大旨，你大概一提，我们就知道了！"何待敷扬劳神述作"，还写个《宗镜录》干什么呢？用现代白话文的意思就是："何必要你老和尚啰嗦？还写那么大一部书！"

答：**一切施为无非佛事，尽堪悟道皆是入门。**

这是永明寿禅师的见地，文字般若的境界。年轻同学们尤其要留意文学，白话文学也是一样的，弘扬一种教化的宗旨，文学的功劳往往占了十之七八，文学如此重要。永明寿禅师以宋体的骈文写书，文字美极了！他把简单的道理，用美妙的文学手法来表达："**一切施为无非佛事。**"依据大乘佛教佛学的道理，一切作为都是佛事，这句话包含很多意义，譬如念阿弥陀佛是不是佛事？当然是；打坐、参禅、放焰口、念经、叩头、拜拜是不是？也是；挑葱卖蒜做生意也是。出家一切作为固然是佛事；在家一切作为也是佛事。在家作为是佛事出于何处呢？出于《法华经》和《维摩经》。《法华经》说："一切世间治生产业，皆与实相不相违背。"《法华经》是大乘中的大乘；《维摩经》也说真正的学佛是入世不是出世，非入世不能成道，所以《维摩经》比喻高原之地不生莲花，把自己弄得太清高、太高超，离开人世一切，等于把莲花种子种在山顶上，永远不会开花。莲花出淤泥而不染，必须种在低处的烂泥臭水中，反而更清净、更芬芳，这就是佛法的精神。

"一切施为无非佛事，尽堪悟道皆是入门"，永明寿禅师这八个字一句的古文，虽然推开了佛经的用语，却包含了大乘的义理。这两句也是很好的骈体文对仗句，你们做佛具生意，开个素菜馆什么的都用得上这些好对子，《宗镜录》里这些对子多得很。不管哪个法，能够使我们悟道的，就是佛法的入门方法。

一颦一笑都佛事

> 所以普贤佛国，以瞪目为佛事；南阎浮提，以音声为佛事。乃至山海亭台，衣服饮食，语默动静，异相施为，一一提宗，皆入法界。

佛法有八万四千法门，法法皆能应机成就根器不同的众生，普贤佛国是以瞪眼睛的方式开悟众生，有人问什么是佛法？佛菩萨用眼睛瞪你一下，你就悟道了。在中国这类作略的禅师很多。像布袋和尚肩背布袋，人问什么是佛法？他把布袋一放，朝你面前一站看你，是嘛！本来我们一切放下，放下布袋就成功了！你不懂，他把布袋一背，又走了。

又如"鸟窠吹布毛"的典故，鸟窠禅师住在杭州，自己在大树上搭一个小棚，有鹊鸟筑巢在旁边，很乖驯，因此也有人称他为鹊巢和尚，唐朝名诗人白居易见过他。他收了一个小徒弟，服侍他很多年。有一天小和尚向鸟窠告假准备辞职，鸟窠问为什么？小徒弟说本来出家是为了要成佛，看老人家有道，服侍多年，也没有传他一点佛法，所以要到别的地方求佛法。鸟窠禅师叫徒弟等一等，从身上穿的破旧衣服上找到一根布毛，用嘴一吹，小徒弟悟道了，这就叫"鸟窠吹布毛"，跟瞪眼睛的道理一样。我们也用扫把扫了好多布毛，怎么也不悟道？

成就者一切事都是佛法，"所以普贤佛国，以瞪目为佛事；南阎浮提，以音声为佛事"，南阎浮提就是我们这个世界，以音声为佛事，此语出于《楞严经·观音菩萨圆通章》："此方真教体，清净在音闻。"我们这个南阎浮提世界，以观世音菩萨的法门最流行，众生容易因声音而悟道，并不是别的声音，因此佛要说法四十九年。在其他佛国并不一定要开口的，有的佛瞪一下眼睛你就悟道了；有些则招一下手就悟道。我们看有些佛像，手势各有不同，阿弥陀佛的手相就是大施印，他把手一摆，什么话都不讲，让人一看就悟道。

"乃至山海亭台，衣服饮食，语默动静，异相施为"：各种不同的现象都是接引众生的妙法。

"一一提宗"：没有哪一点不提示心法的宗旨。

"皆入法界"：世间任何一个动作、任何一种现状、音声都可悟道，都可进入法界。法界一词引自《华严经》。

华飞钏动悟禅心

但随缘体妙，遇境知心；乃至见色闻声，俱能证果；华飞钏动，尽可栖神。

又是文采风流的句子。

"但随缘体妙"：只要随缘体会那个妙用。

"遇境知心"：碰到任何的境界都可以明心见性。

"乃至见色闻声，俱能证果"：随便你看到一切色、听到一切声音，都可以证果。

"华飞钏动"：风一吹，花飞了！钏是手镯子，尤其女孩子喜欢戴手镯子，一碰叮叮当当响。

"尽可栖神"：都可以悟道。"栖神"二字一时蛮难解释得清楚，他引用道家名词来写。正统的道家，非旁门左道，这个"神"相近于心性的作用，都可以使你入定。

讲到这里，我们也可以说，永明寿禅师写《宗镜录》，充分显示出他佛学学问的渊博。我们平常看经典，没有读完三藏十二部是看不到的，他在这里引用出来，不需要我们读完三藏十二部经典。接下来引用一部经论：

> 如《论》云："有国王观华飞叶动，得辟支佛。"

这是印度的故事。佛过世后的像法时期，这一阶段证得罗汉的弟子还不少。他说有一位国王看到花飞叶落，悟道了，因此不当皇帝出家了，所谓出家并不一定是剃头，而是出世去了！所谓"辟支佛"，是在佛过世后，自己无师自通，观因缘法而悟道的"独觉佛"。

> 钏动者，《禅经》云："有国王令宫女摩身，为镮钏闹，令渐渐减钏，乃至唯一，则不复声。因思此声从因缘生，悟辟支佛。"

鸠摩罗什翻译的《禅经》说，也是像法时期，另有一位国王，每天晚上命一宫女为他按摩方能入睡。宫女手戴一串手镯，一按摩即叮铃哨啷响，国王觉得吵闹，命宫女每天除一点手镯，最后只戴一个，当然不会发出声音。"因思此声从因缘生"，国王警觉到突然一反省，这个声音从因缘而生，好清净！当两个东西一碰，当然发出声音。国王因此悟到万法皆因缘生，相对而生，依他而起，因此悟了道，证到辟支佛果。

猴学人　人学猴

《禅经》中也提到现在打坐最普遍的七支坐法，我们先说明七支坐法的由来，才会明白下文的意思。

据佛说，七支坐法是前一劫留传下来的打坐姿势，我们现在这个劫数叫贤圣劫。前劫是指庄严劫，最后一尊佛是毗舍浮佛。贤圣劫有一千佛出世，释迦牟尼佛是第四位，第五位是将来佛——弥勒佛，后面还有很多佛要出世，算不定我们当中有第五百位佛在座，我们不知道而已！最后一位是楼至佛，就是现在护法执金刚神，执金刚神发愿护法，等众生都成佛，他才清场——成佛。

前一个劫数，释迦牟尼佛还没有出来，曾有五百罗汉在喜马拉雅山顶修道，当然不是最高峰，却得不了定，为什么？因为在冰天雪地光修苦行。有一天，五百罗汉看到对山上有五百只猴子在盘腿打坐，这五百只猴子是前劫末法时期的时候活下来的。猴子喜欢学人样，模仿人打坐，坐了虽然没有悟道，却得到长寿。五百罗汉见猴子安详而坐，定有道理，由此因缘而又把七支坐法找回来。所以我们现在的打坐姿势其实早已失传，是靠五百只猴子而流传下来的；每一位修行者，都必须透过七支坐法才易修成禅定。

"亦如猕猴见辟支佛坐禅，后于余处见诸外道种种苦行，乃教外道踟跌而坐，手捺其口，令合其眼。诸外道叹云：必有胜法。外道受教，皆证辟支佛。"

144

《禅经》上记载，这些猴子神通广大，因为在前一劫的辟支佛那里学到这个打坐方法而得长寿，看到世界上没有正法，各种外道在修道。印度外道修法有各种姿势，现在瑜伽术各种姿势也都可以入定，有些人入定时踮一只脚，或拄一枝拐杖，几天几夜不动；或头脚倒立，一定就是好几天。猴子看了发慈悲，乃教外道盘腿而坐，双手相叠，大拇指相拄，闭上眼睛。外道看猴子这么热心，赞叹必有胜法，接受教导，结果也因这个坐姿而证得辟支佛。

重法也要重人

这一段《禅经》强调，想成佛证果，非盘腿坐七支坐法不可，不从此入不可能，三世诸佛皆以此法而证道，有如此的严重！所以不能任性说腿盘不起来就不盘，那是自己吃亏，犯了我慢之见，我慢会害了自己。

故知但遵教行者，依法不依人，无不证果；唯除不信人，千佛不能救。

《大智度论》上有四句话："依法不依人，依义不依语，依智不依识，依了义不依不了义。"依佛所教的法，规规矩矩地相信，不要因人而不相信法。有许多人认为，老师到底是人不是佛，你要听听老师教的法是不是正法，自己要有智慧的眼睛去选择，如果老师教的是正法，就要依法，不要因为他是人而不相信这个法，如果依人看人一定气死人，众生怀疑、比较的心性多得很。

当年我在上海，一位老和尚介绍一个人来看我，此人一进门跟我握手就把我的手一抓，我立即知道此人是学外道的，想试探我有没有功夫。我被他一抓，手心马上冰凉。我平常手心发热，他一抓就变冷了。这个人转过头对老和尚摇摇头，我笑笑，懂了！他的意思是：你宣传他有道，他连手心都冰凉，好像有病，怎么会有道？老和尚埋怨我，说我平常手心发热，怎么那天反常？我说他拉错了手，我一只手冰凉，另一只发热，他握错手了耶！

众生都是依人不依法，很可怜的。实际上重法就要重人；重人也就是重法。

编　案：

① 据《宋高僧传·释自在传》里，附带提到《一钵和尚歌》。话说前蜀乾德初年，高中令骈持不杀戒二十余年，后为男婚娶，礼须屠宰，骈初不欲，亲戚言："自己持戒，行礼酒筵将何以娱宾也？"依违之际，遂多庖割。不数日即得怪病，后为黑衣使者所拘。金甲武士扼腕骂曰："吾护戒神将也，为汝二十年食寝不遑，岂期忽起杀心，顿亏戒检？命虽未尽，罪亦颇深，须送冥司惩其故犯。"城隍神问曰："汝更修何善追赎过尤乎？"骈虽常诵《上生经》，此时却懵无记忆，恐惧之间白曰："诵得《三伤颂》《一钵和尚歌》。"遂合掌向神厉声而念。神与武士耸耳擎拳立听，颜色渐怡。及念毕，神皆涕泪。乃谓骈曰："且归人间，宜切营善。"拜辞未毕，即苏醒过来，透露这段冥间之事。自此《三伤颂》《一钵和尚歌》，为人所传写讽诵。自在所著《三伤颂》辞理俱美，而《一钵和尚歌》虽较通俗，但激劝忧思，甚为深切。

第三十二讲
朗朗空中罪福明

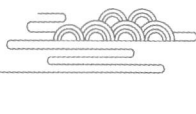

尊师无碍重道

新世纪的宗教趋势

佛是万能的吗

印信——印证得到方真信

亲道方君子

空宝

真般若　不落空

真般若　岂执有

朗朗空中罪福明

尊师无碍重道

上次讲到"但遵教行者，依法不依人，无不证果"，这个问题还没有答复完。

"依法不依人"自然可以证果，这是引用佛经上所说。大家要特别注意！后世学佛多半是依人不依法，很多人拜老师、拜师父变得情感化，以老师或以这一宗派为主，把正法忘了，这是很糟糕的。我们学佛对老师当然要恭敬，但不管哪一位老师，要看他讲的是否适法？合不合法？

"依义不依语"，看经要了解语言文字所要表达的实际意思，不要抓个话柄，以文害义，那就很糟糕。

"依智不依识"，真正的佛法要用智慧求证，印证智慧最好的方法就是拿空慧来印证比较可靠。

"依了义不依不了义"，有些经典是不了义经典，不了义并不是不对，佛经是一种教育方法的纪录，某些时候就某一种教育的需要，给你一点"有"法去行，而不讲"空"法，是不了义之教。譬如在学校念书，老师觉得学生太不对了，打学生一记耳光，学生长大以后以为打耳光是法，那就是以不了义教为了义。看经教也是如此，有些经典是不了义经，有些教理是不了义的教理，但是真正修法要依了义，不依不了义。

新世纪的宗教趋势

永明寿禅师说只要我们但遵教行，依法不依人，一定会证果的，不过，有一种人不能证果，即"唯除不信人，千佛不能救"。

不信正法的人，你对他一点办法都没有，拿世间的知识来说，这里可以作个讨论。有的哲学系开有比较宗教学这门课，专门研究各个宗教的教义，并加以分析比较，这是现代全世界人类文化的趋势，大家要注意！在宗教方面未来将趋向大公教，大公教是西方的名词，中国人本来走的就是大公教的路子，宪法明定宗教信仰自由，过去虽然没有法律规定，三千年来，我们素来主张宗教信仰自由，如伊斯兰教在唐朝传进来，马上被接受；唐太宗时基督教聂斯特利派（当时称景教）进来，也为其建教堂；外道如摩尼教、祆教传来，也接受。现在已经是五教同流了，释迦牟尼、孔子、老子、耶稣、穆罕默德排排坐，吃果果，是好人，讲好话，都请上坐，这是中国人的做法，这个风气现在也推行到美国。

所有的宗教在比较宗教之下，会走一个共同的路子，所有的教义归在一个真理之下，我们要注意这个人类文化的趋势，大概很快会实现，最多在一个世纪中一定会有。如果真发现有外太空生物的话，恐怕这个人类文化会更快的实现。

佛是万能的吗

那么，我们晓得某些宗教教义讲教主万能，佛教有没有呢？拿比较宗教来看，佛教没有，佛教说佛"**万德庄严**"，并不讲他万能不万能，万德与万能是两样，善性一切圆满就是万德庄严。佛能"**通一切智，彻万法源**"，但成佛有三不能，不是万能[①]：

一、不能转定业：譬如这个世界的劫运如此，站在比较宗教哲学的立场，教主万能，怎么不来救救这个苦难的世界？为什么？那么佛教答复：这是众生的定业，无法转。

二、不能度不信之人：你说不信会下地狱，他说我下我的地狱，各走各的路，你对他一点办法都没有！

三、不能度无缘之人：佛经上讲，释迦牟尼佛要度一位老太太，她看到佛就讨厌，佛就现神通从四方八面让她看，她干脆蒙起眼睛，来个老娘不理你，释迦牟尼佛毫无办法。这位老太太与阿难有缘，佛叫阿难去教化，阿难对她说什么她都信，这就是有缘。

还有一个有关缘的故事。有一次佛在打坐，听到山门外有吵架声，一看是舍利弗跟一位老头子吵架。佛问何故？舍利弗说老头子要出家，他们一查此人五百生没有做过一件与佛有缘的事，所以不答应他，他硬吵着要出家。佛说你们这些罗汉只知道五百生，五百生以前他干什么你们知不知道？再用神通看看，五百生以前他是狗，跟我结了缘，那时我是修道的隐士，死后烧出舍利子，弟子为我盖了舍利塔，他是狗，狗喜欢吃大便，跑到厕所吃大便，突然听到有人过来，一着急尾巴黏了一团大便就跑，结果看到我的舍利塔，把大便一甩甩到我的塔上，跟我结了缘，因此可以出家。这个故事等于判例，从反面说明佛难度无缘之人。

佛这三样都不能吗？能，加上时间都能。这点要注意！这也是人生哲学，天下有许多事加上时间与空间皆会变去，由不能而变成能，定业只有时间的限制，好比犯罪坐牢一百年，百年过后，从一百零一年开始就可以转了，定业也可以转。不信之人现在不信，你先逗逗他嘛！充其量打你一拳，这一拳跟狗甩大便一样，就可以结缘，不管善缘恶缘，先结缘再说；将来就会起作用，所以三不能，加上时空变化也可以转。

印信——印证得到方真信

为什么举这些例子、讲这么多闲话给大家听？主要说明"唯除不信人，千佛不能救"这两句话是不了义教，不彻底，现在我们多方补充变成了义教，虽然是不信之人也可以救，不要千佛，一切众生都可以度他，因为加上时空而有此作用。接着引证经文：

如《华严经》中说："信为手，如人有手，至珍宝所，随意采取；若当无手，空无所获。"如是入佛法者，有信心手，随意采取道法之宝；若无信心，空无所得。

《华严经》有一句话，"信为道源功德母"，所以菩萨有十信位。什么是信？你说我很信佛，那不是佛法的信，要正信。大家心里有数，尽管研究佛法，尽管跟某人学佛，老实讲，都不信，这也不要难过，这是真的，不信是应该，为什么呢？因为我们是众生嘛！众生天生带来贪瞋痴慢疑，多疑一定不信，不多疑就不叫众生，人字旁加个"弗"，那不是人，是佛。

所以我们深切反省，尽管研究佛法，并没有真信，真信了立刻就成功了。讲这个话不只包括在座的，大致在家出家，据我所知，天地良心，并不真信，此谓和尚不吃荤，肚里有数。有人说真信，叫他去修，他又说时间没有到，他怕万一修不成上当。有些人说理上信，做起来不得效果，也是信心没有建立，被所知障障碍，自己反省不出来。真能够反省到，"知人者智，自知者明"，那是天下明白之人，《华严经》的信讲了多少卷！可见信心之难。

再说普通的信都是迷信，不是正信。如果你说绝对相信，每一句话都信，你是迷信，为什么？这些话是他《宗镜录》的，不是你的。什么是正信？这句话我证到了那个境界，说空，你信不信？信，空了没有？没有空，那你是迷信，你自己证到了空的境界，啊！原来是这样！这个时候是真信。《华严经》要你起的是正信，一信更入道。

　　譬如拿儒家的智、仁、勇三达德来讲，我们做到智仁勇了没有？绝对做不到，所以你信智仁勇是对的，那你是迷信。学问修养到达了真智真仁真勇，对自己严格的反省、严格的修持、严格的求学问，这个是大勇，没有大勇做不到勇猛精进。大家学佛，下了课回去抽一、二个钟头看看《宗镜录》多好！没有这个勇气，因为事情忙，天气又热，夏日炎炎正好眠。那你为什么来听？只为蛮好听的嘛！那不是信。"若无信心，空无所得"，不会证果，最后一句话值得注意！没有证果，因为没有正信。

亲道方君子

> 　　如昔人云："人之无道，犹车之无轴。车无轴不可驾，人无道不可行。"

　　昔人，从前的人。为什么讲昔人？这是儒家的书上说的。他怕和尚骂人，宗教的情绪很糟糕：唉呀！外道的书。连永明寿禅师都避免这些，只好讲"昔人云"，从前有人说，谁说不管了。

　　假使一个人没有道，这个道不管是做人做事或修道，没有原则信守，就等于车子没有轴心，无法驾驶，是行不通的。

> 　　又云："君子无亲，非道不同。"何得一向略虚，不勤求至道？

　　永明寿禅师这本《宗镜录》，其内容不但搜罗了佛经的三藏十二部，连诸子百家也一把编进去，以后你就知道，读了《宗镜录》，等于读了一本真正中国文化的精华，可惜千多年来大家都忽略了这本书，都晓得好，没有这个勇气和耐心去读完它。所以他引用古人的话"**君**

子无亲，非道不同"，什么道理？"何得一向略虚，不勤求至道"，他说，一切大丈夫君子惟道最亲，真道最亲，不是道当然不要追求。人都懂得这个道理，实际上却不勇猛精进去实行，很可惜！

空　宝

　　此《宗镜录》是珍宝聚，能得诸佛无上大菩提法宝，一切不可思议功德故；是清净聚，无六十二之邪见垢，八万四千之烦恼浊故。能满一切众生愿，能净一切众生心。

这是永明寿禅师对"本宗大旨举意便知，何待敷扬劳神述作"这句话的答复，尚未答复完，人家问一句话，他老人家稀哩哗啦一倒出来，仿佛要把人噎死的样子，可见永明寿禅师的才具。我们看文字都懂，这里不多做解释。接着他又引用原文，证明他这个理论。

　　如《大智度论》云："是般若波罗蜜，乃至毕竟空亦不著，不可思议亦不著，是故名清净聚。"

他说明自己为什么著作《宗镜录》的用心和价值，现在又引用龙树菩萨的《大智度论》加以证明，这个大智慧成就的法门是般若波罗蜜。什么叫大智慧成就？空的境界，乃至空掉以后，连空都没有，你打坐有个空已经不是般若波罗蜜，有个空就是有法相可得，《心经》上就告诉你，"是诸法空相"，连毕竟空也不著，不执著空。佛法不可思议，到了最高处连不可思议都没有，真达到这个境界，才到达究竟清净，究竟清净就是涅槃。"是故名清净聚"，《宗镜录》是一切法的清净聚，此处引用《大智度论》解释什么叫清净聚。

尔时，须菩提应作是念："是般若波罗蜜是珍宝聚，能满一切众生愿，所谓今世乐，涅槃乐，阿耨多罗三藐三菩提乐。愚痴之人而复欲破坏，是般若波罗蜜清净聚。"

他继续引用《大智度论》的话，《大智度论》也是引用佛说的般若经的话，这个来源要搞清楚。讲到这里，佛再告诉须菩提"应作是念"，白话的意思是，你要有这样一个观念、你必须了解，了解什么呢？般若波罗蜜这个大智慧成就的法门，"是珍宝聚"，是世界上真正的智慧的宝库。这个宝库能满一切众生的愿望。智慧成就达到空的境界，这一生可以得到究竟快乐，乃至这一生生命结束，可以证得究竟涅槃之乐，不生不灭的境界。也可以证得无上正等正觉。拿中国文字讲，这是大彻大悟的境界，可是一般愚笨的人，不知般若空的境界有这样究竟，反而加以破坏。所以佛说这个般若波罗蜜是清净的宝库。

真般若　不落空

如如意宝珠无有瑕秽，如虚空无有尘垢，般若波罗蜜毕竟清净聚，而人自起邪见因缘，欲作留难破坏。

有如如意宝珠，没有瑕疵污秽；又如虚空没有尘垢。可是一般人自生执著的邪念，自己去破坏。然而空是要证得的空，不是理论上的空。只是理论上的空，落在佛法的断见，那不是空，很严重的。南传小乘佛学谈偏空的，搞不好就有这种思想倾向的危机。此即东南亚佛教国家落到今天的结果，背后的重要文化思想因素，要今世乐大有问题。这一点希望搞文化思想的年轻同学们特别留意！

"空"很难谈，很难讲，因此后世祖师说"宁可执有如须弥山，不可落空如芥子许"，这是佛教的教育，我万分之万同意这个话。所以我经常劝人老实念佛，走"有"法不会错。"空"法是无上大法，不是上上根器很难走。"宁可执有如须弥山"，抓到有法修；"不可落空如芥子许"，一个偏见在空的这一面，有丝毫偏差，落入拨无因果，错误了不得了！所以禅宗虽以空为号召，但是强调"空有双融"。然而后世学禅的，多半走入偏空之果，因而变成狂禅，非常严重。

真般若　岂执有

　　譬如人眼翳，见妙珍宝，谓为不净。故知空华生病眼，空本无华；邪见起妄心，法本无见。

　　譬如眼睛有毛病，看到好的干净的宝贝当作不干净的东西。"故知空华生病眼，空本无华；邪见起妄心，法本无见"，这四句话是永明寿禅师的名言，高超的文学意境散发着无比的智慧，真是美极了！"故知空华生病眼"，眼睛有病看到前面有花，其实没有。"空本无华"，虚空中哪里有花？"邪见起妄心"，邪见、边见、断见等这些错误的思想观念怎么来的？因为妄想所生起。"法本无见"，本体本空，一念清净，哪里有这许多邪见！真到了清净，连正见都空了，何况还有邪见！当然没有。这个就是真正的佛法。

朗朗空中罪福明

　　又若以不信恶心，欲毁坏宗镜般若正义，但自招谤罪，妙旨何亏。如人以手障矛，但自伤其手，矛无所损。

一个人以不信佛法的心情，想要恶意破坏《宗镜录》的般若正义。当时看了这句话，加上人生经验，即可推想永明寿禅师由于名气太大，著作此书时毁谤他的人不少，此乃古今中外相同的常情，"谤随名高"，知名度高，相等的毁谤的声音自然随之而来。

"但自招谤罪"，然而这是很可怜的事，而且与我无关，这些人都是自招毁谤正法的罪过。

"妙旨何亏"，他说编辑这本《宗镜录》是真理之言，它的宗旨绝不因毁谤而被破坏。

"如人以手障矛，但自伤其手，矛无所损"，等于一个人用手掌心抵挡戈矛，只会伤到自己的手，对戈矛毫无损伤。毁谤正法是自招业报。

　　　夫般若说则福大，谤亦罪深。若随情谬解，乃至不信等皆成谤。

《金刚经》上谈般若空，处处讲福报，真正的福报是智慧，人世间的一切福报，功名、富贵、地位、多福多寿多男子，现在加一样，多钱。古人看钱看得重，《书经·洪范》言五福，中国人过年贴对联也喜欢写"五福临门"，五福是：寿、富、康宁、攸好德、考终命。言富而不言贵，其实富贵富贵，有钱一定贵，贵不在五福以内，由此看来，我们的文化还是钱最重要。寿命长、子孙多、钞票多、身体健康，世间的福报样样全，但是有一样不是钱能买得来的，那就是智慧。钱多，没有智慧，没办法；当然有智慧学问好，没有钱也没有办法。真福报不是世间有形的东西，成佛是大智度，所以有般若福报就大。出世间的福报与智慧，不是普通的智慧福报，而是证得实相空的福德智慧。

所以说"般若说则福大，谤亦罪深"，具般若智慧的人，没有不受谤的。释迦牟尼佛在世时，第一个反对他的就是他的兄弟提婆达多，毁谤他五大罪状，一直跟着他捣乱几十年，最后现身入地狱，据说此坑在印度还看得到。历代祖师有成就的，没有不受毁谤的，不是被害死就是被毒死。达摩祖师、木讷祖师都被下毒，禅宗二祖神光也被害死，所以人最好不要有道，道有多高，谤就有多高，魔亦有多高，而且往往一时魔比道的力量大。

因此《金刚经》告诉我们学佛修道的人，要弄清楚一个观念，为什么《金刚经》讲空法、说到般若会提这件事，也就是永明寿禅师给我们指出的要点。真学般若真修道的人，真证到空性时，你的魔难就来了！道高一尺魔高一丈是真实的事，不是假的，如果你说我福报大没有魔障，那很可能是没有道，道不高，魔不来。所以碰到这些境界，自己要看清楚，反省《金刚经》上的话："是人先世罪业应堕恶道，以今世人轻贱故，先世罪业即为消灭。"这个道理就在这里，所以说"般若说福大，谤亦罪深"。

相反地，要谤般若的人，这个果报还是会回到自己身上，因为道人空，毁谤不了。空的力量，回转的力量大。何谓因果报应？与力学一样，把五十斤力量往墙壁撞，反弹回来自己受，并非墙壁出力，而是本身打出去的力量反回来。做一件坏事得恶果，是自己招致的恶报。怎么叫"毁谤佛法"？学佛的人自己要反省要注意了！"随情谬解"，学佛的朋友为人讲佛法或闲谈，往往跟着自己情绪观念变化，随便高谈阔论，自以为说得很好，把人家的道路指示错了，还不知道，我们当中这种人非常多，他不知自己所造的因果。"随情谬解，乃至不信等"，这都是谤，这个果报你自己去受，不是别人给你的。

如《大涅槃经》云："我今为诸声闻弟子等说毗伽罗论，所谓如来常存不变。"若有说言如来无常，云何是人舌不落地？若能正信，圆解无差，遍境遍空，皆同妙证。

158

有许多研究佛学搞学问的人，不信大乘经典，例如批评《楞严经》为是伪经，是后人写的。我告诉你，宁可不要研究佛学，既研究又谤佛，何苦呢？吃饱了饭没事，造这个业干什么？自己谤还不算，要人家也听他的意见，何苦嘛！就算是假的，其中的道理，你能驳倒它吗？讲人情世故，人家要卖饭吃，你也不要把人家搞得没有饭吃嘛！讲做人、讲儒家的道理都不对，何况学佛！如果大乘佛法的道理是真的，那你自己这个因果怎么去受？可是我们自己偏要造业，看到这些人这么不可救药，受这个因果，我真替他们担心。造口业不说，甚至见之于著作的更严重，一本著作出来，天下人的眼睛都被刺瞎，危害不只几十年，流传下去不知害了多少人，严重得很。

我这个人是呆板的，我认为大乘经典都是真的，什么理由？我可以像永明寿禅师一样，举很多理由来证明大乘经典此言真实。那么，南传小乘佛教真不真？也真。我们要靠自己大般若智慧，深切印证，融会贯通。

编 案：

① 唐朝元珪禅师曾提出佛有三能三不能。一、佛能空一切相，成万法智，而不能灭定业。二、佛能知群有性，穷亿劫事，而不能化导无缘。三、佛能度无量有情，而不能尽众生界。

第三十三讲
巍巍大人法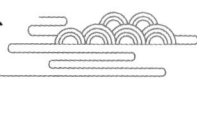

麻烦的石头公案

存在界的类别

这才是破格高人

应无所住而生「慧心」

巍巍大人法

圣境泯正反　智通用顺逆

法无碍　人有谷

色声香味触　皆是入道处

专一波罗蜜　波罗蜜专一

走好禅定的路子

事事须慧照

世无真笨人

法门都平等

接下来引证《楞严经》上的话：

法门都平等

楞严会上，佛告阿难："十方如来于十八界，一一修行，皆得圆满无上菩提，于其中间亦无优劣。"

160

这是佛所说修证的法门。我们要了解一件事，想修行成佛做工夫，靠什么作工具？一切佛法的修证，除了此身心以外，没有另外的工具。佛法将身心分类为十八界，亦即六根对外境的六尘，加上根尘中间假定的交触的界线。何以说这个中间界线是假定的呢？没有修证的人很难体会。譬如眼睛一接触光色，当光色进入眼睛时，光色与眼睛中间就有一个界线，这个界线非常微妙。六根、六尘加上中间的六个界线，称之为十八界。

佛说，修行有各种方法，离不开六根、六尘等十八界的作用，也就是以十八界作为修行的工具，如此修持下去，以至究竟圆满，任何一法都可以大彻大悟而成佛。譬如净土念佛，重点是用意根念佛，"南无阿弥陀佛"是由意识作用而产生的一个方法，那么，这中间有没有一个他力成就的阿弥陀佛存在？中间是有个界线，在初步感觉有自力得到他力加持的作用，另外，有些人用耳根听声音、听呼吸，在听与不听之间有个界线，此所谓观音圆通法门。

重要的是，"十方如来于十八界，一一修行，皆得圆满无上菩提"；我们不应有这种方法是无上大法，而那种方法低劣的分别心。"于其中间亦无优劣"，只要一门深入，没有不到家的。而每一位佛所走的路线也许不同，但成就是一样的。这是佛所说修证的第一个原则。

世无真笨人

"但汝下劣，未能于中，圆自在慧。故我宣扬，令汝但于一门深入，入一无妄，彼六知根一时清净。"

佛说因为你们智慧太低下，不能在这个中间"圆自在慧"。六根根器不利，拿现代话来讲，就是头脑不利落。我们平常讲学佛有钝根、利根的差别，钝利二字要特别注意！以佛法的道理，人的根性有利钝，利钝也就是智愚的不同，但实际上世界上没有笨人。所以儒家教我们不要轻视任何人。每个人都要自重，但如果自己认为了不起，那已经是自贱。

每个人的聪明相等，不过表现的程度有快慢，钝刀和快刀切肉，虽然时间上有差别，结果还是一样，你不能说那把钝刀不是刀。笨的人告诉他一件事，也许他三天才转过脑筋来；也许碰了钉子吃了亏才变聪明。聪明人事情一来，马上反应此事会吃亏上当，就不干了。我经常觉得，世界上没有一个笨人，你骗一个人，他总归会变聪明，至少临死会恍然大悟某件事上了当。当然也有人被骗死了也不知道，我想来生一定也会知道的。

事事须慧照

所以佛说阿难，你们的根器下劣，并不是下劣的人就无可救药，没有这回事！因为根器下劣，在这个中间不能"圆自在慧"，什么中间？就是各种修行方法，念佛也好，数息观也好，做别的止观也好，修密宗也好、依显教也好，方法没有什么不对，但在这个中间差一个东西，什么东西？"圆自在慧"，圆融无碍的智慧，也就是能融会贯通的智慧。这个智慧哪里来的？是你自己原有的，所谓"观自在"，你要自己把这个慧根找出来。找出慧根后还要发展培养成力量，此谓之"慧力"。

成佛有十力。中国当代有位学者，因学佛而取名叫熊十力。从佛学的观点来看，只有佛有十力。智慧是一种大力，我们静坐、修止观，用各种方法培养慧根变成慧力，慧力到达后，智慧自然开发。

成了佛、悟了道的慧力就叫"自然智"，也叫"无师智"，不是没有老师，而是他本身已跟老师到达一样的境界。同样道理，诸佛是我们的老师，如果你也到达那个无师智境界，你也是佛。自然智并不是外来的，是我们每个人本有的东西，之所以没有见到道的究竟，是不能圆融自在，所以不能发展成就自己的自在慧。那么，怎么办呢？

走好禅定的路子

佛说："故我宣扬，令汝但于一门深入。"没有第二个办法。你不要想另外去求一个慧，只有走禅定的路子；禅定没有第二个办法，只有打坐的路子。打坐不是定，打坐只是练习修定的最基本的方法之一，如果认为打坐就是定，那你大错特错！真得了定，站着、走路、做事忙着，乃至办公、读书，都在定境中，那个才是定。不过要到达此境必须先从打坐做起。所以打坐有如此重要！

打坐是修定的第一个道理，所以佛说他自己宣扬教人，其实也是教我们一门深入，每个人把握对自己最适合的一个方法，不管是参禅、修观行，也不管什么打坐，甚至于世间法的打坐都可以。所谓世间法的打坐，譬如练武功的修看香头、看光，真正练成以后，也会忘掉自己，没有身体的感觉，同你学佛打坐忘我、忘身的感觉一样。很简单，人总是身与心两个家伙，这两样你专一到达某一个程度，它的感受大体上差不多。

专一波罗蜜　波罗蜜专一

所以你只要依这个方法一门深入，进入专一的境界，"入一无妄"，心一专一就没有任何妄心妄念。大家念佛为什么要先念到一心不乱呢？心里只有一句"阿弥陀佛"，意念知道自己只有这个佛号，眼睛也不看。如果念时还是：阿弥陀佛，冷气太吵，阿弥陀佛，身体不舒服……那根本没有专一。我们想想看，念佛也好、念咒子也好，大家一点都不专一。有些人修密宗，唉呀！念了五千遍了，怎么没有神通、没有光，阿弥陀佛、唵嘛呢叭咪吽……唉！怎么看不见菩萨？有这些情况根本没有专一，那没有用！

要"入一无妄"，专一是最基本的一步。到达以后，"彼六知根一时清净"，进一步连"一"也没有了。这时眼耳鼻舌身意、生理、心理作用，知觉感觉统统没有了！彼，指生理上、心理上的。这六根一时清净，才可以到达清净法身的境界。这其中有好几个层次：先要选择一个方法一门深入，深入到什么程度？进入专一境界，没有其他妄念，"无妄"就是既不昏沉又不散乱。那么，这还不算数，再进一步，到达六根六尘"一时清净"。"一时"是顿悟，立刻到达。由"一门深入""入一无妄"是一个程序；到达"彼六知根一时清净"，这个时候顿悟则没有程序，等于电灯开关，一开全亮。

色声香味触　皆是入道处

是以侨陈那因声悟道，优波尼沙陀因色悟道，香严童子因香悟道，乃至虚空藏菩萨因空悟道。

《楞严经》提到，憍陈那因耳根听声音而悟道，优波尼沙陀因眼睛观色而悟道。严格说来，色法包括很多，有表色、无表色之别。这个宇宙世界有些是概念的东西，看得见的黄蓝白赤叫色，物质世界的地水火风、山河大地也叫色。香严童子因鼻子闻到香味而悟道；乃至虚空藏菩萨，因为证到空而悟道。

则知自性遍一切处，皆是入路。岂局一门而专以蚊蚋之愚，翻恃鹪鹩之量。

由这个道理，晓得六根、六尘随处皆可悟道。自性不在一个地方，等于虚空，虚空比方自性，并不在某一个方向。如果认为只有这个方法才能悟道；或只有这个方法才是佛法，基本上违反了佛法的观念。这说明自性遍一切处。"皆是入路"：都是证入菩提的道路。"岂局一门而专以蚊蚋之愚，翻恃鹪鹩之量"：岂能守着一门，像蚊子或小鸟，把一根树枝当成一棵大树！

法无碍　人有咎

且法无迟速，见有浅深；遮障之门，各任轻重。

并且这个佛法，也没有说哪个法能快速成就悟道，哪个法会慢些悟道。法的本身没有迟速快慢，快慢迟速问题出在我们智慧的见解，以现代话说，就是观念、观点。智慧大、观点透彻就来得快；智慧小、观点不明彻就慢慢来。"法无迟速，见有浅深"，还是在于我们自在慧的问题。

所以"遮障之门，各任轻重"，遮障就是魔障，被遮挡住、障碍住了。学佛法做工夫有很多障碍，有时是生理上发生障碍；有时是心理上发生障碍。这种障碍的轻重，并没有一个主宰或魔王挡住你，"自任轻重"，一切唯心所造。你智慧浅，障碍重；智慧深，障碍容易破掉，完全在于你自己。这一段有一半是《楞严经》的原文，后面几句是永明寿禅师的评论。

圣境泯正反　智通用顺逆

接下来又引用《楞严经》原文，是文殊菩萨的颂。《楞严经》记载二十五位菩萨圆通法门，每一位菩萨报告自己当时学佛悟道的经过，最后由文殊菩萨作结论。为什么由文殊菩萨作结论？因为文殊菩萨在佛教中代表智慧，而且他是七佛之师，他自己早已成佛，释迦牟尼佛及其前面六位佛都是他的学生，因为学生当教主，他来捧场，所以现身为大弟子，称大智文殊师利菩萨。因此关于智慧方面成就的佛法，到了最后多半由开始学佛，进入定慧三昧的境界，有人快，有人慢。譬如禅宗讲顿悟，根性明利，很快就到了；有人要三大阿僧祇劫慢慢修，迟速不同。等于走路，有人脚步大走快一点；有人脚步小走慢一点，都在走，你不能说他没有走。老年人慢慢走也在走；小孩子跑碎步跑得快，结果跑了半天还落后。此谓"初心入三昧，迟速不同伦"，不要在那边比快慢，只要最高目的一样就对了。

是以文殊菩萨颂云："归元性无二，方便有多门。"

把上面讲的作一个结论，等于民主时代开会，主席作结论。归根究柢，入门的方法有很多，但到达最高点明心见性的道理没有两样。即所谓条条大路通罗马。

"圣性无不通，顺逆皆方便。"

明心见性悟道后，到达圣人、佛的境界"无不通"，邪道、魔道、外道，在正法佛法的眼光看来，统统变成正。

没有悟道以前，学佛法在下意识带着一种邪心、不正的观念，自己体察不出，正法也变成魔法、歪法。然而"圣性无不通"，只有到达圣境者，看世间法、出世间法无一不是佛法，没有不通的。

那么在佛眼看，"顺逆皆方便"，走顺路、走倒路，都是方法而已！净土是方法，禅宗也是方法；密宗是方法，律宗也是方法；出世间是方法，入世间何尝不是方法！一切皆是方法、方便而已！方便者非究竟，究竟就是悟到那个本性、那个东西。

"初心入三昧，迟速不同伦。"

开始发心学佛的人叫初心。由初心出发到达终点，尽管有快慢的不同，但重要的是都能到达目的。永明寿禅引用他结论中的话。

巍巍大人法

接下来又是永明寿禅师自己的结论：

此《宗镜录》中，并是十方诸佛大威德不思议法门。

他说这本《宗镜录》，编辑收录三藏十二部中所有佛法的精华，集中十方一切佛最高最大的威力德性不可思议的方法。

犹赫赫日轮，岂婴孩之所视；高高法座，非矬陋之能升。

矬，古书考据，矬即矮，后来又有一专门念法念矬（音错）。这两句比喻的对子，皆是永明寿禅师才华的流露。赫赫是形容太阳光出来的威光，光芒耀眼四射，使眼睛睁不开；高高法座，不是矮小陋劣的人所能爬得上去。

唯文殊大人，普贤长子，上上根器方堪能尔。

大乘佛法中有所谓四大菩萨：观世音菩萨代表大悲，地藏王菩萨代表大愿，普贤菩萨代表大行，文殊菩萨代表大智。大悲、大愿、大行、大智是连贯而密不可分的，因此，也可归纳为：智悲与行愿，而以文殊与普贤两位菩萨为代表。中国丛林庙子以大乘佛法为标榜，大雄宝殿的三尊佛像，中间是佛；两旁是文殊与普贤，代表"智悲双运"，此即大乘佛道的精神。"智不住三有"，真的跳出三界得了道的人，就不想再到三界教化众生，度人是好痛苦、好麻烦的事。但菩萨要起大慈悲心，自己跳出，别人没有跳出，因此牺牲自我，再入三界度众生，所以叫"悲不入涅槃"。

再强调一次，大乘之道即这两句话："智不住三有，悲不入涅槃。""智不住三有"，文殊菩萨代表；"悲不入涅槃"，普贤境界。菩萨道讲行愿，而且行愿与智慧两者并进。你光想学佛跳出来，对六度万行有利于他人之事不肯做，没有用的。悲心不坚固，功德不圆满，智慧就发不起来，这是大乘的精神。

所以他说，这个境界只有文殊菩萨、普贤长子能做得到。实际上文殊、普贤、观音都是古佛，在释迦牟尼佛之前早已成佛，为什么再来当学生？因为释迦牟尼佛在这个世界教化在家出家弟子，他们"悲不入涅槃"，而再来辅助释迦牟尼佛的教化。所以称普贤为佛的长子，当家的。为什么当家的大儿子那么重要？行愿最重要！行愿不够，心理行为不合愿行，你修得再好也没有用。永明寿禅师说：只有文殊，才能做得到。

应无所住而生"慧心"

如《华严论》云："大光王，入菩萨大慈为首三昧，显所行慈心业用，饶益自在。"

《华严论》上说，有一位成佛的菩萨叫大光王，他进入菩萨大乘境界以慈悲为首，也就是儒家所讲的仁慈，以仁慈为第一个境界。学佛先要使自己心性发起以仁慈为首的三昧，才能够显出慈爱的心，这个慈爱的心发不起来不行。所以大光王菩萨以大慈为首三昧，以慈心起种种业用。以慈悲心入世做人做事，是不是在造业？对，也在造业，造的是善业。佛家讲造业包括善恶两业。造善业不一定是造成佛的业。不为恶而行善，善也不住，功德我不要，全归众生，那就是佛业。如果有心造善业则是人天之果，不是佛乘的道理。奖励善业，不住善业而舍掉，是佛菩萨的行道。

饶益，相当于现代所说的社会福利。利益为什么加一个饶字？饶代表无限量，非常充沛、无止境、没有范围的利益众生，所以叫饶益。利益众生而一切自在。有人说今天睡得好舒服，为什么？因为做了一件好事，这样利益众生并不自在，心中有一个今天我做好事的观念在，

已经不行了。所谓善业不住，过去不留，六祖听《金刚经》"应无所住
而生其心"，如果修佛法做善事，有一个行善的观念存在，你心早有所
住，何以言"应无所住而生其心"？此非佛道，重点在此。

这才是破格高人

"令后学者仿之，以明无依之智，入一切众生心。与之同体，
无有别性；有情无情，皆悉同体。"

他说由这个道理，使后世学佛的人仿效佛菩萨的行为，依教奉行，
这就是大光王菩萨大慈三昧的道理。这个作用在哪里？就在使我们明
白"无依之智"，大智慧无所依傍，所以《金刚经》说："菩萨于法，
应无所住。"住法布施，有所住，住在某一点，已经不是智慧。禅宗对
大智慧形容得最好，"如盘之走珠"，没有方位、定所，它用之于哪一
点就是哪一点，好比我们平常说某人做啥像啥，要他演戏扮小丑，他
就是小丑，扮皇帝就像皇帝，唱青衣就像青衣，唱花旦就像花旦，这
就叫"破格高人"，不住在一个模式、范围。此之谓"无依之智"，乃
至绝口不谈佛法也不讲佛经，同样可以用佛法的真义教化众生。假使
这个世界没有佛学，他可以不利用佛学而利用科学来讲，学艺术的用
艺术来讲，学法律的用法律来讲，同样能把佛法真义讲出来，这就是
"无依之智"，佛的大智慧成就境界。

以"无依之智"进入一切众生的心里，一切人的心理变化、爱好、
习惯各有不同。佛是大教育家，他可以用不同的方法，进入所有人的
心里，与你与我合一。"与之同体，无有别性"，没有两样。

存在界的类别

"有情无情，皆悉同体"，下面两句话严重了！什么叫有情？人、猪、牛、马、狗一切生物都是有情，不过生物的有情有分类，看《楞严经》就知道，有些生物知觉小，但它有感觉，打了会痛。我们挨打，格老子讨厌，知觉就会起来骂人。有些生物知道痛，会躲开，并不晓得骂人。《楞严经》上说到情想的差别，情多想少则堕，想多情少则飞；思想智慧高，情欲慢慢减少，想多则飞，向上界走。天人神仙看我们是下界中人，如公寓的一楼，也可能是地下室，还有地下室的地下。情多则堕，纯想则飞，由这个道理可以了解念佛法门的道理，念阿弥陀佛，意识纯想，归到佛的境界，那当然往生。

《楞严经》把生物界的有情归纳为十二类，十二类又可分为胎生、卵生、湿生、化生四种，其中又有有色、无色之别。有些生物有物质形体可看到；有些生物连物质形体都没有。譬如细菌是有情或无情？在医学界和生物界还是个问题。在显微镜下看得见细菌，用高倍显微镜看细菌在其世界中活动得很厉害，可见我们身体有多少世界众生在里面。大家坐在这里听《宗镜录》，说不定它们在里面开运动会、赛跑、打篮球，有时你觉得头痛，也许是细菌把球打得太高了，你头就发胀吧！另外，无情是矿物质。植物有一部分属有情，有一部分属无情。

我二十多岁的时候，有一次被拖着讲佛学，讲到众生有情无情的问题，结果有一个哲学系的学生说，含羞草有知觉，应该属于有情。我说错了，含羞草的开合类似机械反应，不属有情，因为含羞草内有一条水管，碰到人体温度就下降；手拿开一会，水上升叶子又开了。生物界的东西，有情无情很难分别，譬如热带食人树是物理的反应，并非食人树有灵性。

麻烦的石头公案

矿物属无情之物，无情之物能不能成佛，这个问题古人讨论过。

三十多年前西藏达赖、班禅的师父东本格西（格西是大法师之意），到成都讲经，那时章嘉活佛也在成都。东本格西在台上讲述宗喀巴大师的《菩提道次第论》，口头之下，把中国佛学一把抹煞，老一辈的居士涵养好，听后笑一笑而已！年轻一代学佛的就受不了。后来有一位同学站起来问西藏大法师：山河大地成不成佛？这个地球土地是不是佛？东本解释说不是佛。哗！一班年轻人哄堂而起，站起来就走，连招呼都不打，什么都不理，也不合掌。那真不得了，在一个公开场合的演讲上这样反应。你们现在的学生都很老实，那个时候年轻人多调皮！

后来搞得老一辈很不好下台，闹到章嘉活佛那里。我正好在旁边，我说我来答，山河大地是不是佛？石头呢？我说很简单，都在佛性中。这个问题不在是不是佛，因为山河大地是依报，西方极乐世界国土是阿弥陀佛的依报，正报是阿弥陀佛。证到菩提，悟了那一点是正报。所以"有情无情，皆悉同体"，都在一个佛性中。那么，这是心物一元的道理。物质世界一切物质是正报的渣子，等于我们经常说的一个比方，蜡烛的亮光是正报；蜡烛燃烧的黑烟是依报。黑烟凝结变成物质世界；亮光的光明变成无形的精神世界。这是比方，还可以做各种比方。

第三十四讲

遥兮飞天凤

顽石点头不足奇　群山说法报君知

遥兮飞天凤

慈光行太远

神透笼大千

龙女献珠谁鉴得

无心处好用心

三界尽稽首

花为情凋　智开光华

「慈母」「智父」生力士

知行合一方为道

睹镜好知世是梦

顽石点头不足奇　群山说法报君知

"入此三昧所感业故，令一切众生，及以树林涌泉，悉皆归流，悉皆低枝，悉皆稽首。"

他说由于善业的业力所感而到达三昧的境界，此时一切有情的众生，及无情的树林、涌泉，全都归到法性之流，平静了！佛经甚至记载，树木自然躬身合掌、弯腰、磕头。

唐玄宗时代，皇帝亲自在朝廷主持佛学辩论，就有人辩到有情无情说法的问题。有人说没有见过无情说法；浙江南阳忠国师即引用《华严经》"刹说众生说、三世一切说"等经典记载，作为无情说法的根据，说明一切物质世界都在说法。譬如《阿弥陀经》讲西方极乐世界有七宝行树、水、鸟等一切音声皆在念佛、念法、念僧，这就是无情说法。所以洞山禅师于此有省，作了一首偈子：

也大奇！也大奇！无情说法不思议，
若将耳听终难会，眼处闻声方得知。

有情说法，那还容易懂！山河流水无情之物说佛法，实在不容易懂。他说用耳朵听无情说法永远听不到；用眼睛闻声，才知道无情皆在说法。这其中有非常奥秘的道理。

遥分飞天凤

"夜叉罗刹悉皆息恶，以明智随一切众生，皆与同其业用，一性无二。"

真到达明心见性悟道的境界，夜叉、罗刹、一切恶魔自然没有坏心眼，都在慈心的感化之下，发了慈悲之念。这就是智慧的成就、智慧的解脱。"以明智随一切众生，皆与同其业用"，到了悟道的境界，有情无情都会跟着善念起作用。"一性无二"，因当本体是一个，本体的功能发起来就是一股力量。

　　　"如世间帝王有慈悲于人，龙神顺伏，凤集麟翔，何况人焉，而不归仰？"

这是中国文化的观念。根据历史记载，中国上古时代天下太平，社会人心都是至善的时候，龙、凤、麒麟自然出现。到了孔子的时候，这些动物都绝迹了，最后有个地方得了麒麟，死了！孔子闻而绝笔，不再作书，准备"涅槃"，为什么呢？在一个乱世生出这么一个东西，非其时也！生的时间不对。孔子因麒麟而知道自己的命运，麒麟死了！人中之麟也该走了！当太平盛世之时，龙神依顺躬伏、凤麟齐集翱翔，更何况人，哪有不向善归仰的？

慈光行太远

　　　"况此大光王，智彻真原，行齐法界；慈心为首，神会含灵；与众物而同光，为万有之根本。如摩尼宝与物同色，而本色不违；如圣智无心，以物心为心，而物无违也。明同体大慈悲，心与物同用，对现色身而令发明。"

这一段一气呵成，无法切断，此乃古文写法，一个观念接一个观念，有如一股流水，一个浪头接着一个浪头，文章气势一笔下来，却是很多观念连成一气的。

他说大光王"智彻真原"，《华严经》提到大光王。智慧的光明与宇宙有相的光有关连。有几位同学打坐到了这个境界，在定中自己的光明起来了，但是这个光还不是自性之光，虽有光明还是自性光明起的用，即所谓子光。子光从母光来，母光是大光王，是本体自性无相之光，即常寂光。《楞严经》大势至菩萨的念佛法门，也就是子母光相会，有相光与无相光会合的道理。

何以称为大光王佛？永明寿禅师很明白的为我们指出，因为"智彻真原，行齐法界"，智悲双运。智彻，彻底透彻，大彻大悟，得阿耨多罗三藐三菩提。他的智慧已经透彻宇宙万有的本体，了悟本源自性，证到真如。真即真如，代表本性；原即根源、根本、自性。那么，他的大慈悲的功德、行为是"行齐法界"的。他的慈悲与我们一般人的慈悲不同。

例如，妈妈爱儿女是母爱的慈悲，可是有些妈妈真到了要她命的时候，宁可把孩子舍弃，并不是每个母亲都真爱儿女。就算这个妈妈牺牲自己，也只是爱自己的儿女，不能爱别人的儿女，虽是慈悲，但有限量。

真慈悲的佛菩萨"行齐法界"，没有范围，这个行是他的大悲、大愿、大爱之行。一般所谓普爱天下人还是限量，只爱这个世界的人。三千大千世界虽各有其天下，但只要法界圆融，是没有界的。所以"智彻真原，行齐法界"八个字，包含了佛法的智悲双运，一般人观念中的伟大二字还不足形容，因为伟大二字仍有范围。

"慈心为首，神会含灵"是讲悟道的境界。如果有人问中国禅宗所谓悟道的境界是什么？就是"慈心为首，神会含灵"八个字。光是扑通一下，青蛙跳下水，那很容易，没有什么悟不悟。夏天天气热，突然到了阿里山顶，好舒服啊！我们可以形容它像禅一样，但到底不是禅，只是偶然比较性的得一个清凉、清净而已。真的到达那个境界，自然慈心发起，并没有刻意要自己生起一种慈悲之念，自然对一切众生慈悲。

那么，慈悲心发起是怎么样？看到人就掉眼泪吗？那是神经病，那不叫慈悲。慈悲发起，"行齐法界"，无所谓慈悲！喜怒哀乐都是慈悲，现菩萨低眉是慈悲，现金刚怒目也是慈悲，已经没有慈悲的形迹了，此即谓灭迹。你看不出来他的慈心，这才是慈心。你看他瞪眼睛，说不定还要揍你一拳，但是他是真慈心，这个是"慈心为首"。

神透笼大千

"神会含灵"这四个字没有办法解释了！中国文化常讲精气神，神，升华到精神领域，与所遇物、法界会合成一体，等于某个光与其他的光合成一种光，最后分不出二十烛光、四十烛光或一百烛光，此为"神会"。神会了，光还是相、还是用，换句话说，讲光，光虽已不是普通物质，但它仍是物理的东西。神比物理还要高一层，中间有一个东西，这个东西讲不出来，叫它灵性，这个东西含在光明中间，也包含着光明。

但我这样解释也并没有把"神会含灵"这句话的意思解释清楚，无法解释，也只好如此带过了。这八个字只可意会，不可言传。等于两个好朋友坐在这里，你看看我，我看看你，连下巴都用不着翘，两只眼睛一看，"神会含灵"，笑一笑，懂了！

悟了以后，"与众物而同光，为万有之根本"，心物一元，物理有形的光，与自性无相的光配合。以现代观念牵强地说，中国历代祖师对物理都是通的，他们知道万物本身都在发光，连煤炭也在发光。像我们的眼睛，光光相接才能看到，其实一切众生也是如此。**"为万有之根本"**，到达这个境界，才可以说明心见性悟道了！你不但见到那个本体，你本身也变成那个本体的功能之一了。

龙女献珠谁鉴得

这个时候，你见到自性**"如摩尼宝"**。摩尼是梵文，有珠宝、离垢、如意等译名，《涅槃经》说："摩尼珠投之浊水，水即为清。"《仁王经疏》还说："会意翻云如意宝珠，随意所求皆满足故。"总之，是无价之宝。但是有谁看过摩尼珠？没有人看过。只有《法华经》记载：龙女**"年始八岁……有一宝珠，价值三千大千世界，持以上佛"**。她把自己生命之珠献给了佛，大概只有佛看过。

那么，这颗摩尼珠怎么看不见呢？因为它**"与物同色"**，在什么环境就变成什么颜色，色盲也好、近视眼也好，个个都说看到了。事实上，摩尼珠是什么颜色？无定色，随众生的业跟它所知的量而呈现，如《楞严经》所说，**"随众生心，应所知量，循业发现"**，所以是**"与物同色"**而**"本色不违"**。

摩尼珠本身有其颜色，什么颜色？不得而知，只有摩尼珠本身知道，或者成佛的人也知道。《金刚经》上说成佛的人有五眼，肉眼、天眼、法眼、慧眼、佛眼。天眼有很多种，欲界天、色界天、无色界天的天眼各有不同；慧眼，智慧之眼；至于佛眼是什么眼？不知道，大概与我们的眼睛差不多吧？譬如佛眼看得到摩尼珠的本色，那是等到不见一切色时，看到自己本性的本色是什么色样。这是拿物理世界的光来说明物理世界的相，都因光而呈现，勉强借以说明佛眼之为眼。

那么，绝对黑暗的地方，什么都看不见，是有相无相？有相，那是黑相，黑相也是相。诸位修光明定的，要特别留意《楞严经》中所阐示的道理。

无心处好用心

其次，讲明心见性的心，"如圣智无心"，悟了道的人智慧成就，那个心是无心之心，有个心已经不是，所以《瑜伽师地论》有"有心无心地"。什么是有心地？十地菩萨都还在有心境界，至于二乘罗汉更是有心地，并没有到达成佛的无心地，只有无余依大涅槃境界是无心地，有余依涅槃仍是有心地，圣智到达无余依涅槃才是无心。

那么，悟了道的人一切无心，还不是道，禅宗祖师说："莫谓无心便是道，无心犹隔一重关。"所以无念还不是道，无心要能够起用。在哪里看出无心？"以物心为心"，以万物之用为用，以万物之心为心。

如果拿这个道理来解释孔孟思想，讲人心即是天心，这个境界就大了！所以张商英说，因为学了佛悟了佛理以后，才懂得孔孟之学，这是真实的道理。"以物心为心"即儒家所谓的"天人合一之心"。以万物之心为心，"而物无违也"，同物理世界一切物质不相违背，这就是悟后起用。

"明同体大慈悲，心与物同用"，到达这个境界，才晓得大慈大悲没有一个大慈大悲的作用。看到可怜就掉眼泪、动不动就哭起来，那是小慈悲。大慈大悲不一定掉眼泪，有时看起来还凶得很呢！可是却在一怒之下而拯救天下苍生。

"对现色身而令发明"，注意这个话！相对呈现。真正达到了同体大悲，心物同用，自然相对的呈现在色身上。肉体本身每一寸肌肉、每一个细胞的光明都出来了、都变现了！这已不是一般所谓的"相由心转"，而是彻底的心相一如了。所以佛的色身可以放光动地，"对现色身而令发明"，就是透视了这个道理。

三界尽稽首

"故山原及诸草树，无不回转，向王礼敬；陂池泉井，及以河海，悉皆腾溢，注王前者。以智境大慈，法合如此。"

《华严经》上又形容大光王菩萨以大光王佛的境界来修法，当他一出来，一切山河大地自然被这个光吸引住，马上归心顶礼，等于磁石吸铁。禅宗及华严宗讲回互，一般学佛说回向，就是这个道理。念经回向，回向就是感应、相互的关系。他说大光王佛修持到达光明自性的境界，当然这些话都要我们做功夫求证。

到达那个境界，就知道万物皆归于己，此即庄子所说天地同根、万物合一，那个力量自然回向。乃至于山河渠水、海水、井水，光的力量一吸引，自然冒上来。不要说池水被智慧的神光吸引，气功、太极拳练得好，手一提可以把脸盆的水吸起来，这个还只是气的道理而已。智慧神光是什么力量？他说归纳一句话："以智境大慈，法合如此。"是智慧成就，发了大慈悲，智悲双运的功德的力量，这是自然的力量，说明了明心修证的重要。

花为情凋　智开光华

"若众生情识所变之境，即众生不能为之；如莲华藏世界中境界，尽作佛事，以是智境，非情所为。"

这一节很重要。那么，悟了道的诸佛菩萨何以有这样大的神通力量？我们听了简直不可想像，只能说是神话。稀奇吗？一点都不稀奇！我们都有，这是我们人性本有的功能，不过因为我们被妄想、情意、烦恼等情意识所遮住，发不起来。

实际上诸佛菩萨的神变，也就是凡夫众生的情识所变之境。情就是感情，喜怒哀乐七情六欲，如父母之情、兄弟之情、男女之情。这个世界最容易了解的是男女之情，男女谈恋爱，想得厉害时在梦里呈现，两人做同样的梦，那种情识是普通的情。众生的情识也有这个力量。

譬如画家构思一幅山水画，当他进入构思的情境，你叫他他都懒得动。修密宗的人懂得这个道理，观想就容易了。一个写文章、写诗的人，想到入妙处浑然忘我，你过来碰他一下，他也不知道，这是情识所变的境界，属于凡夫境界。把这种凡夫情识境界转化放大归到本体，即变成佛菩萨的力量，佛菩萨也是凡夫做的。所以说："众生情识所变之境，众生不能为之。"众生可怜的是自己这个功能发不起来，自己做不了主，都被依他而起。

比方天气热的时候，假定有修定力作观想专一的人，一上座观想自己坐在阿里山顶很清凉，马上不流汗，这很容易实验到，因为情识所变，甚至定的力量较深的，这一会儿就要加衣服，阿里山下雪。那是假的吗？假的，是你情识所想；真的吗？真的，你真会发抖、感冒，因为自他不二。

你们没有受过这种训练，不知道，坐在那里一边打坐一边擦汗，那早就依他起了，你打什么坐？统统跟着情识所变，被外境所转。凡夫众生不能为之，自己转变不了这个业识，因此依他而起、随他而变。能够转得了，差不多了！所谓修持的功力就在这里，这个境界转得了，慢慢地心理行为的境界也能转，想发脾气，把脾气转为慈悲；把烦闷转为快乐，这就叫一步一步修行，修正自己的行为。

譬如有一位老同学要求我上课不要穿长袍。我问为什么？他说他看得受不了，他们在下面热得要命，我这里密不通风，他看我既不流汗又不擦脸，怎么搞的？有问题。我说我是有问题，因为有怕冷的病，再加一件也没有关系。你在心境上不要理它可以转掉，你越在意越转不掉，这些自己都可以作实验，非常非常重要。

"如莲华藏世界中境界，尽作佛事"，所以他举莲华藏世界的例子。《华严经》讲整个法界是莲华藏世界，一花一世界，一叶一如来，每一个灰尘、每一处脏的地方，都是佛的世界、佛的净土。看你能不能转得过来，转得过来便是到处莲华。莲华不垢不净，处处没有分别。所以莲华藏世界中的一切境界，善的恶的、是法非法都是佛法。这种功力如何修得到呢？

"以是智境，非情所为"，注意这八个字，这是智慧成就，不是情绪、不是情感、不是情识、不是我们现在心量的知识。做功夫的要注意了！你心里想："我想做到。"那是用感情、用妄想去做，做不到的。

那么，刚才说观想阿里山下雪，感觉清凉，这是情还是智？这是情转智的过程境界，因为你晓得这个时候在做观想，怕热也是情识的感受，把怕热的情绪拿开，硬把它转过来，就是那一转难！转法轮就是这么一转，转动了即转法轮，转不动只好先把钥匙拿到。什么钥匙？念阿弥陀佛就是转法轮的钥匙。这把钥匙有时候你打不开、转不动，生锈得厉害，你只好慢慢去转了。

"故圣者以智归情，令有情众生报得无情草木、山泉河海，悉皆随智回转，以末为本。"

修成功，智慧成就悟道了，"故圣者以智归情"，智是主体，使情感归向智慧。也就是说，情的境界化成智的境界。心能转物，使一切有情众生、物质世界山川草木河海等等，跟着精神世界转动。"悉皆随智回转，以末为本"，由枝末回到智慧的根本。

"慈母""智父"生力士

> "故如世间有志孝于心，冰池涌鱼，冬竹抽笋，尚自如斯，况真智从慈者欤！"

他引用二十四孝的故事，世界有志于孝顺父母的，都能靠坚定的意志，使冰河跳出鲤鱼；冬天哭出竹笋，更何况智慧成就的人，大愿大行力量更大。愿就是志。

"冰池涌鱼，冬竹抽笋"，现代人可能会以物理作用来作解释，这一点我们不管。据我所知，历史记载有些忠臣，当敌人打进来，硬是抵死抗拒，最后只剩下一个人不投降，尸体不倒下。光是元朝、清朝就有好几位，搞得敌人将领不敢动，跪下来膜拜。等到敌人向他的精神投降，尸体才慢慢倒下来，这就是唯心。

抗战时，有一、二位中级将领对日作战，要从敌方手中把阵地抢回来，身负重伤硬闯，都看到自己肚子破了，还是要打进去才死，结果打进去一笑、眼睛一闭倒下去，这就是精神的力量。以世间法来讲，世间的肉体尚且能如此，慈悲与智慧的力量更大。

> 故知得法界之妙用，用何有尽？从真性中缘起，起无不妙。

所以，智慧上悟了道的人，知道法界的妙用，本体就有这个功能。我们人自性的本体有无穷的妙用。为什么修道的人有神通？你说他修来的，他从哪里修来的？是从自性中发出来的。修行修个什么？就是

183

把本有的自性的功能发出来，所以得了法界的妙用，悟到本来面目、悟到自性功能而发出作用，这个作用"用何有尽"，智慧无止尽，神通妙用也无穷尽。

"从真性中缘起，起无不妙"，从真空的自性中，因缘所感而起了作用，任何一起都妙不可思议，不晓得从哪里来。它无根的，从空性中来，空得越大，力量越大。像电灯泡因为真空，爆破的声音很大，任何事物的原理都是如此。所谓鲤鱼跃龙门，为什么鲤鱼的力量那么大？因为腹中有两个空的气囊。你真正得了空，发出来的智慧神通就大。

知行合一方为道

则理无不事，佛法即世法，岂可拣是除非耶？

到这个时候，理就是事，事就是理。你理论智慧懂到哪里，功夫就到达哪里。我们现在打坐学佛，不但智慧与功夫是分开的，两条腿与头脑也分开，头脑想静，我的妈！腿麻得受不了！心里想多坐一下，腿实在熬不住，分成两截。至于理与事更分两截，空的道理都懂，坐在那里都是有。听到人来，赶快张眼睛动一下，空不了。

讲起佛法来头头是道，嘴巴厉害得很，那有什么用？自欺欺人的话讲多了，只是快一点下地狱，因为你妄语，你没有证到。说空有什么用？以为自己空，做的都是有，那很糟糕！已经种下了地狱种子。所以理真到了、慧也到了、事也到了。自以为理到了，却定都定不住；不要说定，坐都坐不住。理与事合不起来，那这个理就不是真到了。随便讲不是真到的理，岂不是造口业吗？虽然讲的是出世法，却以善因而种恶果，因为你随便谈空，把因果谈错了，很严重！动嘴巴的朋友要特别注意！

到这里"理无不事"，入世法、出世法没有分别的，佛法就是世间法，也就是六祖所说："佛法在世间，不离世间觉。"这时，"岂可拣是除非耶"，一切平等平等，无有分别，没有出世入世的分别。

> 事无不理，世法即佛法。

这个"事"就是定力的功夫，功夫到了，智慧就出超，虽然身体在世间，做生意也好、做公务员也好，挑葱卖蒜开车乃至挑粪都可以，但他是出世的高人，他已经是菩萨的境界了。

> 宁须斥俗崇真耶？

这时你不要认为这个是在家人、普通人没有佛法，认为住山的、出世的才是真的佛法，那完全错了！在这个时候没有差别的。

睹镜好知世是梦

> 但是未入宗镜，境智未亡。

但是一般人没有悟道，没有证达宗镜的境界，境界是境界，智慧是智慧，两者均未达到空。真正大彻大悟是境智双亡，好像等于我告诉你们这杯茶不冷不热，只有三分热。你们听懂了，但没有喝就体会不到，喝了一口才知道这杯茶温到什么程度。境智双亡，既没有茶，也没有着温也没有着凉。你们诸位听了，也懂了，不是你们的，这是"理"上懂。"事"上到了以后，境智双亡。没有到达这个境界是"境智未亡"，没有空掉。

> 兴梦念而异法现前，发焰想而殊途交应。

又是一副对子，永明寿禅师文章写到最后的结论，才气就洋溢出来了。"兴梦念而异法现前"，他说平常都在打妄想，白天瞪着眼睛做白日梦；夜里睡觉做妄想梦。妄认这是小乘、那是大乘；这样对、那样不对，妄起分别心。"发焰想而殊途交应"，所有想法都是虚妄的阳焰之想，把各种事情弄得乱糟糟。

> 致兹取舍，违背圆常。

因此有分别心，此对彼非，有取有舍，违背了佛法真正圆融常住的真心。

> 所以不能喧静同观，善恶俱化者，未闻宗镜故耳。

到这个时候不能"喧静同观"，静与闹不能同观而达平等境界，因此有是非善恶之分别，不能泯然俱化，达到圆融的境界，都是因为没有明心见性，没有悟到宗镜之故。

第三十五讲
空中好翻身

任运非即禅

真悟定慧不分家

能无著的是什么

能无念的又是什么

空中好翻身

道非「作」得

佛非「任」得

禅非「止」得

净非「灭」得

不偏不倚好办道

任运非即禅

上次讲到"未闻宗镜故耳"。接下来又是另一段，我们给它新起个题目叫"任运非禅"，也就是关于用功学禅学佛见地方面的问题。

> 问：何不依自禅宗，蹑玄学正路，但一切处无著，放旷任缘，无作无修，自然合道。何必拘怀局志，徇义迷文，可谓弃静求喧，厌同好异。

看文字即可了解大致意思。永明寿禅师他由禅宗悟道，但一生提倡禅净双修。这里所提出来的问题并非完全假设，而是综合当时有人提出的疑问，问他为什么不直接走禅宗"不立文字，直指人心，见性成佛"的路线？

我们要注意！永明寿禅师著作《宗镜录》时，正是五代末、宋代初禅宗鼎盛时期，当时教下等各宗派的修持方法已逐渐衰弱，禅宗的五宗派盛行。另外，继禅宗教理而在中国文化发展上大为兴盛的理学外，律宗也盛极一时。因为当时士大夫做学问的风尚笃信心性之学，与一般信仰佛教的佛教徒一样，教内教外的修养风气都非常拘谨严肃，形成一片死气沉沉的社会风气。因此，为后世崇拜的济颠和尚，又称济公活佛，为了纠正当时严谨的时代毛病，而吃肉喝酒、装疯卖傻。其实不只济颠和尚，还有一位传奇人物，他们的事迹都被小说家搜罗在济公和尚的传记中。

这些证道的和尚，表面上看起来行为不检，实则是对那个时代风气的反动，我们在这里只大概举这么一个例子方便了解。《宗镜录》也提到有人问，你为什么不提倡禅宗玄学的正路？"玄学"二字系借用，不是中国文化道家所讲的玄学，因为唐宋时代，禅宗表达方式，有许多都借用中国文化，如"玄"字，临济宗经常用"三玄三要"，这与老子所讲的"玄"的观念不同，只是借用文字。

他说禅宗指什么呢？只要一切处不执著、放旷任缘、随缘度日、逍遥自在，甚至无念就是禅，后世执此观念都大有人在。如同多年前对西方文化的反动而风行一时的嬉皮作风，仍至流变到现在的吸麻烟、吃麻醉药品。吸食麻醉药品后，人仿佛在虚空中，身体没有感觉。过去有几位美国同学偷偷做实验，结果，床铺、被子、桌子都弄得脏兮兮的，他们吃了麻醉药后，把房间看成名山大川，到处乱爬，被我痛骂一阵。吃了迷幻药，整个人不能作主。我说等你们修得深厚的定力，才有资格吃。

认为放旷任缘、自由自在就是禅，就是人性的解放，爱怎么样就怎么样，随缘度日，"无作无修"。禅宗与密宗也提到，成了佛悟了道的人无修无证，不需要用功，"自然合道"，当下就是。"何必拘怀局志，徇义迷文"？何必拿佛教的文字、经典、教义把思想范围起来？而跟着佛经教理，依文著字讲这些道理。接下来八个字是对永明寿禅师严厉的评论："弃静求喧，厌同好异。"本来当下寂静，大家以见性成佛为标准，你却故意标奇立异，要人家把经教研究通了再来修道。

真悟定慧不分家

答：近代相承，不看古教，唯专己见，不合圆诠。

近代是指唐末到五代七八十年间的阶段。永明寿禅师写《宗镜录》的时候，赵匡胤还没有起来，他还在周朝当警备总司令。当时禅宗流行不看古教、经典，只要一个蒲团打坐，也不参话头，元朝后才有参话头——念佛是谁，只是以为直指人心、见性成佛，便认为自己见了道，专执己见。永明寿禅师批评当时一般人学佛修道的情形是：

> 或称悟而意解情传。

190

有些人认为自己懂得道理已经开悟了。"意解"：在意识上见解，认为我这个是对的，其他错了。"情传"：彼此互相传授，陷于意识的情境。拿现代话来讲，这是偏重于主观的、情感的看法，亦即宗教情感化、个人情感化，非常主观，认为自己悟道了，这是一种毛病。我们看当时佛教的毛病，历史文化是重演的，虽然不完全重演，大原则差不多。第二种毛病是：

> 设得定而守愚暗证。

还有一种人，自己认为得道了，打坐一定好几天、个把月，实际上此定非真定，而是愚痴禅、凡夫禅；以为无念是定，实际上是大昏沉，所以叫"守愚"，守住愚痴境界。"暗证"，悟道本来清净光明，结果他证得黑漆桶一个，莫名其妙的只晓得坐，以为坐久了就是禅。

> 所以后学讹谬，不禀师承，先圣教中，已一一推破。

后来跟着这种观念学佛的越来越错，而且多半无师自通，既没有好好跟过善知识求证过，也没有用过心，下过功夫求证。像这一类现象，在本师释迦牟尼佛当时的经教中，已经一一点破批驳。

能无著的是什么

如云一切处无著者，是以阿难悬知末法，皆堕此愚；于楞严会中，示疑起执；无上觉王，以亲诃破。

譬如认为一切不执著就是禅的境界，等于现在流行所谓的禅宗，或者学佛认为达到无念就好。很多同学以达到无念为归的，问他："最近功夫做得怎么样？"他说："唉呀！还是有念头耶！"我说："死人都没有念头，那都悟道了吗？"六祖言无念也并不是什么都不知道。无著，很简单！等于肚子饿了在街上看到馒头抓了就吃，你的我的都一样，心里没有执著，这也是无著，也是禅吗？

一般人认为一切无著就是禅，其实《楞严经》中，阿难早已提出这个问题，他知道后世会有人认为心里无著无念是禅，而堕在愚痴的境界中，因此在楞严会上针对此问题先提出来。结果"无上觉王，以亲诃破"，心在哪里？不在内、不在外、不在中间，几次辩论，阿难说知道了，无著就是心，佛大加诃斥，这是《楞严经》上"七处征心"的论辩，现在永明寿禅师引用出来。

《首楞严经》云："阿难白佛言：'世尊，我昔见佛与大目连、须菩提、富楼那、舍利弗四大弟子共转法轮。常言：觉知分别心性，既不在内，亦不在外，不在中间，俱无所在。一切无著，名之为心。则我无著，名为心不？'"

永明寿禅师引用《楞严经》阿难与佛的讨论，佛问，阿难答，最后阿难说我懂了！当时你跟四位大师兄讲法时说，心不在内、不在外、

191

不在中间，我现在知道一切无著就是心，我做到了无著，这就是明心见性了吗？在此我们先把阿难的话暂时打住，插进一段话。后世喜欢讲禅宗的，《六祖坛经》是必看的入手之书，其中提到《金刚经》"应无所住而生其心"，我们暂且不谈"而生其心"，其中"应无所住"这句话是否与"无著"差不多？不一样，所以阿难说无著就是心，那是阿难对无著的认识。

> "佛告阿难：'汝言觉知分别心性，俱无在者，世间虚空，水陆飞行诸所物像，名为一切。汝不著者，为在为无？无则同于龟毛兔角，云何不著？有不著者，不可名无，无相则无，非无则相，相有则在，云何无著？是故应知，一切无著，名觉知心，无有是处。'"

这是《楞严经》佛答复阿难的话，由于文字翻译偏重于文学之美，反而遮掩住逻辑论辩的精神，事实这里逻辑论辩的层次很严谨。

"觉知分别心性"，先留意"觉知"二字，佛的说法非常科学，归纳心性的作用可分为两部分来了解，这是个教育方法，一个"觉"、一个"知"，如果把觉知二字分开单独使用，往往把觉当成知、知当成觉，"知觉"二字在中国文化有时是通用的，但是在这里就不能通用。"觉"是指生理、情感方面，感觉的反应；"知"是属于思想、精神方面，觉知是二个部分的作用。

其次，"觉知分别"四字连起来使用，偏重于文字组织文学之美，尤其后世对文意的了解，往往被文字障住。"分别"是佛学专有名词，我们的思想起作用，尤其偏向意识部分的，大都用分别心来代表，意识一起作用就有分别。譬如眼睛对着光明，这里亮一点，那里暗一点，其实眼睛像照相机一样，当光反映到眼睛时，眼睛并没有明暗的分别，觉知明亮与黑暗是意识的分别。所以，"觉知"是感觉、思想与意识的分别及整个心的全体的作用，也就是心所起用的现象的分类。

如果为了文字优美，一层一层翻译看起来没有味道，也很吃力，尤其中国人喜欢"意会"，不喜欢逻辑详细的论辩。讲逻辑必须"言传"，要论辩得非常清楚；文学不一定要言传，可以"意在言外"，透过言语以外的体会，彼此会心懂了，这是文学艺术的境界，这里把觉知分别心性的作用，以文学意境表达。

佛告诉阿难，你认为觉知分别心性，即生命本源心性的作用"俱无在者"，一切无著。那么我问你，空中飞的、水中游的、陆地上跑的等等这个物质世界一切的动植物、水生物、矿物是有还是无？我们观念上不分别这些物质，而称为一切东西。我们的生命在这个世间，与物质世界一切东西有连带关系，你认为对一切东西无所著就是心，那么这一切东西"为在为无"？有还是没有？换句话说，这四个字在《楞严经》上很含糊，因为太文学化而显得文意不清。

也可以这么说，我们张开眼睛所看到物质世界一切东西，譬如今天下午下雨，雨下过后没有了，雨也是一切物质东西的一种，这一切东西过后就没有，你认为是无著，此心无著，那心的作用究竟存否？或者是物质环境变迁，心也跟着变成没有？"为在为无"可以指物质世界的东西，也可以指心理精神的作用，两者都解释得通。那么，经典这个时候究竟是指物质世界的东西存不存在？抑或指心理状况存在不存在？我们很难确定，因为当时的翻译太注重文学意境之美，而使文意交代得不太清楚，这一点在逻辑论辩上确有缺点。不过从另一个角度看也有好处，好处就是中国人喜欢圆融的文学思想，用这也可、用那也可，双方面都观照到了。

假如一切物质过去就没有，"无则同于龟毛兔角"。"龟毛兔角"是佛经上常用的形容词，形容世界上没有的东西而幻想存在是靠不住的，因为中国过去与印度的常识范围，晓得乌龟没有毛、兔子没有角。现代这句话要被推翻了，日本北海道及南美洲的确有长毛的乌龟，所以佛经要修正了。如果以这个观点来反驳佛经，可谓有根有据，佛连这个知识都不懂，怎能说通一切智、彻万法源呢？可见佛的眼通当时只看到西方，没有看到东方，这是附带的笑话。不过我们看经典不要吹毛求疵，不要再把乌龟毛拿来吹一吹找毛病，以当时一般人的知识确实没有看过乌龟长毛，佛也依世人的知识方便来比喻。

能无念的又是什么

假如一切事情过了就没有，既然没有，为什么还叫不著？没有就没有，加一个不著，岂不多加一个名称、境界！这不著的观念岂不多余！没有就没有了嘛！假定有一个境界叫无念、叫不著，那个境界，就不能叫不著，也不能叫无念。等于我们经常引用年轻同学所说的话："今天打坐很好，空空的什么都没有！"我说："你知道？""知道啊！""好不好？""好啊！""那怎么叫没有？你都晓得好，晓得没有，那不是有一个嘛？"同样的道理，有一个不著，就不能叫它为没有，你早著了嘛！著什么？著在一个"不著"上面。你说今天坐得一切无念，你早有念了！什么念？无念之念，那就是前面所讲的"守愚暗证"，落在一个愚痴境界，守住一个浑浑噩噩的境界，那叫莫名其妙，不叫不可思议。莫名其妙是老二，不可思议是它的老大，两兄弟差不多。所以说"有不著者"，有一个不著的，就"不可名无"。

那么，再来"无相则无"，绝对无相，无相就是没有，没有就是没有。"非无则相"，你说不是完全没有，一切相没有，不过就是有那么一点，有那么一点就是有个东西，就不叫空，那就是相，空也是空相。

所以"非无则相",这就不能叫它无相了。"相有则在",有一个境界现象在就是个东西了,"云何无著"呢?你有个清净无念的境界在,早就著在这个上面了嘛!怎么叫无著?

空中好翻身

"是故应知,一切无著,名觉知心,无有是处",所以你应该了解,你认为一切无著,认此为空就是我的本心,是不对的观念。注意这句话!阿难当时不是乱讲,很多同学看了《楞严经》,笑阿难好笨,"一切无著,名觉知心",阿难所指,此心任何一个境界都不留,在这个不留中间,坦然而住,这个是心性本体,阿难当时这样认定。

这个认定错在哪里?这是个大问题,当然我们不是阿难,假定今天有人修持到达这个境界,那真是可喜可贺,尽管佛说这个不对,是不对,还要翻一翻身,然而你没有达到这个境界,不需要谈后面的翻身。佛批驳阿难,是希望他有更进一步的见地和了解。可是我们站在功夫上说,很少有人真到达这里,能到这个境界也不错了,但永明寿禅师批评这个不对,批驳得有道理,如果认为这个就是最高的究竟,那就错了!不过话又说回来,如果连这个过程都没有经历过,你就认为自己悟了,那真是"误"了!真正悟道,这种境界必然要经历。好比搭电梯从一楼到五楼,必定得经过二、三、四楼,即使电梯速度快,也还是要一层一层往上升。这一点特别提出来,提醒大家注意!

道非"作"得

又所言放旷任缘者,于圆觉中,犹是四病之数。

上一段是永明寿禅师引用《楞严经》中佛与阿难的论辩，批评宋代初期，一般认为一切无著的境界就是禅的错误观念。其次，认为放旷任缘，一切逍遥自在、满不在乎就是道的，也是《圆觉经》中所讲的四种毛病之一。

"放旷任缘者"，看文字很简单，有些人修持的确到了这个境界，心中空空的，一切不在乎，该跳舞就跳舞，该滚就滚，没有关系。过去有位同学也自认悟了，你的就是我的，可是我的可就不是你的了，怎么劝也劝不了。最后发生事故，遭了果报。

历代"放旷任缘者"很多，譬如学禅的；尤其明朝末年更多，像李卓吾，不是厚黑教的李宗吾，既是禅又是道又是儒。清朝四大才子之一的金圣叹也是放旷任缘。明末清初，以王阳明的王学与禅的结合，放旷任缘的人更多，弄得"圣人满街走，菩萨多如狗"，学禅学佛学儒都修成放旷任缘，认为一切逍遥自在、一切空就是道。不过有一点绝对空不了，他肚子饿了还是要抓馒头吃，感冒了还是要吃药。如果这个时候能放旷任缘倒还差不多！可惜他不在这个时候反省，认为放旷任缘就是道。

接着，永明寿禅师引用《圆觉经》经文，提出学佛学禅偏差的四种毛病，放旷任缘是其中的一种毛病。

> 《圆觉经》云："善男子，彼善知识所证妙法，应离四病。云何四病？一者作病：若复有人作如是言：'我于本心作种种行，欲求圆觉。'彼圆觉性，非作得故，说名为病。"

《圆觉经》说，善男子，善知识所证得的妙法，应该离开四种偏差，哪四种偏差呢？"一者作病"，即有所造作。好比说我今天打了几次坐，好像到会计室算账一样，打坐四次要给四个罗汉果，八次要给他一个菩萨位，十二次要给他一个佛土。或者今天拜了多少佛、作了多少功德。再不然今天修行有多少境界、多少进步，这些都是有所造作的。以修持境界、积功累德为道，此是"作病"。

假定有人"作如是言"，心里有这种观念，认为今天已经作了很多善事、佛事，以此功德圆满，一定可以开悟证果。"欲求圆觉"，想以造作功德之心，来求智慧开悟之道是错误的。"彼圆觉性，非作得故"，本来佛法的自性不能造作而得。譬如大家参禅打坐学佛，你不要认为这两条腿多盘两天就能盘出一个佛来！佛不是腿能盘得出来的！

如果盘腿能成佛，那叫成腿，不叫成佛。那么打坐干什么呢？打坐就是教你以这种修养的方法，找出你自性本来是佛的那个东西。不要认为累积打坐的功行，像求会计成本一样，会得到一个佛，那完全错了！所以说"彼圆觉性，非作得故"。如果认为作得某些功夫、累积多少功德一定会开悟，那就犯了造作病，此是禅病之一。所谓病，就是观念错误，心理见解上的病态，不是心理病态，心理病态与见解病态不同。

佛非"任"得

"二者任病：若复有人，作如是言：'我等今者，不断生死，不求涅槃。涅槃生死，无起灭念。任彼一切，随诸法性，欲求圆觉。'彼圆觉性，非任有故，说名为病。"

任其自然，一切众生本来是佛，反正总有一天成佛，一切自在，打坐念佛修行是你们妄用功夫，认为一切不管就是佛法，那就是任病。生死是空，涅槃也是空，"涅槃生死等空花"嘛！用不用功都一样，一切本来无生灭，任运自在，这种观念是任病。《圆觉经》告诉你，"彼圆觉性，非任有故"，成佛也不是人类的本性，放任怎么可能成佛？

这种说法照文字这样解释不太容易了解，我们进一步用现代语言来解说，也就是，认为涅槃是空，生死也是空，一切放任自在，反正众生本来是佛，到时间自然成佛。你说他真的是逍遥自在吗？才不自在呢！一切任他自在就有依赖性，依赖放任已经错了！依赖放任不就是一念吗！此其一。其二，反正本身就是佛，一切自在就好了，那么你就自在一点吧！你生病了不要喊哎哟好不好呢！一切本来自在，那个痛也很自在嘛！可是他病了，痛苦烦恼来了，他还是难受啊！他那个时候可无法放旷任运了，可见他那个放旷任运是心理意识的作用。

禅非"止"得

"三者止病：若复有人，作如是言：'我今自心永息诸念，得一切性寂然平等，欲求圆觉。'彼圆觉性，非止合故，说名为病。"

第三种禅病是我们常犯的，不管学禅也好、止观也好、念佛也好、修密宗也好，大家两腿一盘都想得止得定。严格讲，定与止有层次的差别，不能得止，就谈不上得定。止也好、定也好，一般认为什么念头都没有就是得定，结果我们看到一般人坐在那里都很痛苦，皱着眉头，心中念头停不了。"刚才了却东边事，又被西边打一拳"。思想念头翻上覆下，想求止念求息心，事实上做不到息心止念，却在忙打念头，现在一般人容易犯这个毛病。不要说这种情形是错误的，即使做到任何念头不拱上拱下，就算止于一念止住了，那还不是禅。

佛说"**彼圆觉性，非止合故**"，即使做到念完全止住，与明心见性之道也毫不相干，止念是做功夫可以做到的。有几种人很容易做到，一个人心里受到外境严重的刺激打击，灰心到极点，心如止水，你叫他，他没有反应，那也叫功夫吗？不是。另一种人，生理机能毁坏，脑神经受刺激，想不起来，止住了，那也是佛吗？不是的，止，不是道。《圆觉经》说止于一念或止于一个境界，或认为定久是禅，那都是偏差。

净非"灭"得

"**四者灭病：若复有人，作如是言：'我今永断一切烦恼，身心毕竟空无所有，何况根尘虚妄境界，一切永寂。'欲求圆觉，彼圆觉性，非寂相故，说名为病。**"

止病是止于一念、止于一个境界，或者止于一个佛境界，或是止于一个空的境界，或者止于一个清净的境界。止不住是散乱心、放任。一般人不是放任就是求止，再不然想求功德，想从积功累德而悟道，此即前面所言，作病、任病、止病三种病。第四种病是灭一切烦恼。有关这点，一般观念也很严重，认为学佛用功应该永断一切烦恼，生理、心理毕竟空无所有，此外，也没有眼耳鼻舌身意、色声香味触法，一切都寂灭了，当然普通人很少能做到。

几十年前，我们看到有些修行人专修这种定法，一般叫顽空定，什么都不管，一切灭下去，一切不动念。久而久之，人慢慢变得没有记忆力，当场不起分别，看到人问你是谁，对人笑一笑。现代人碰到这样的人一定认为此人有道，样子也很好看，红光满面，俨然有道之士。佛说像这一类境界就属于顽空，冥顽不灵，灭久了之后，记忆力减退，什么东西都没有，如果认为这是禅，那错了！所以佛说："彼圆觉性，非寂相故"。涅槃也翻成寂灭，但涅槃不是这个。这一类也不像罗汉有余依涅槃境界，这完全是一个观念，这个观念下意识认为一切灭完了就是道。后世有言"莫道无心便是道，无心犹隔一重关"，把灭绝一切当成无心，错误在这里。

200

不偏不倚好办道

"离四病者，则知清净。作是观者，名为正观；若他观者，名为邪观。"

佛说离开这四种禅病，才可以了解自性本来清净的道理。由于了解自性本来清净的道理而作是观者，名为正观。"观"是观照之观，我曾经反复提及想是想，观是观。想是粗的，观是细的。勉强打个比方，东西掉在房间黑暗的角落，拿手电筒照，东找一下、西找一下，这是想；观，等于房间所有的灯一下全点亮了，地上之物全被照到，这是观。以境界来讲是如此。

那么，以作用而言呢？想，是先用第六意识专一起来修；观不是第六意识境界，而是意根，第七识与第八阿赖耶识照性的功能来了知它的。了即明明了了，自然知，但不是第六意识分别妄想的妄知，这其中分别起来非常细微。知道自性本来清净这一知，是知识上的知道。离开这四病，不造作、不放任、不求止、不求寂灭，非空非有、即空即有。离四病后，勉强用一形容词，呈现了自性清净面。由于认识了了解了清净面，然后在此境界中止观双运而起观的，才叫佛法的正观。定与慧等持，智慧慢慢开发，修持慢慢进步，功德自然逐渐圆满，此谓正观。

"若他观者，名为邪观"，不了解正观的路线，而用其他各种方法来修持作观的，名为邪观。这是佛说的，不是我说的，我不过照文解释而已！永明寿禅师引用了《楞严经》《圆觉经》原文说明这个道理，他自己并作结论：

> 如上所说，不唯作无著、任缘之解，堕于邪观，乃至起寂然、冥合之心，皆存意地。

解释得非常清楚，的确是名言。永明寿禅师说，上面我引证佛在《楞严经》《圆觉经》所说的二段话，不但认为一切无著、放旷任缘是道的见解属于邪见，乃至一般人学佛，认为一念不生、寂然不动即合于禅道之心，也是错的。实际上，一念不生、寂然不动的境界还是第六意识的境界，《瑜伽师地论》称为"无寻唯伺地"，心性不乱跳动，可是第六意识还有个东西在那里看住，等于黄龙晦堂禅师描写参禅的境界，"如灵猫捕鼠，目睛不瞬"，形容得非常妙！他叫人家参禅用功，要用到这样专一的程度。这只是初步用功参禅的境界，并非这样就是禅。黄龙晦堂禅师所形容的这种境界，就是《瑜伽师地论》所讲的"无寻唯伺地"，也就是小乘禅观经（禅观经有数本）所言"有觉无观"的境界。

这两天报纸介绍一本书，同学送我，我还没有看，他先讲一段给我听。有个故事说猫捉老鼠，老鼠躲到洞里不出来，猫在洞外目睛不瞬地守着，等了很久，老鼠突然听到外面有狗叫，心想猫一定被狗吓跑了，老鼠爬出来，一把被猫逮个正着。老鼠问猫："老兄啊！你怎么听到狗叫没有被吓跑呢？"猫说："这个时代一个人没有两种语言还有饭吃啊！"

　　所以，寂然冥合之心还是意地的境界，《瑜伽师地论》所讲"无寻唯伺地"也是意地，一点也没错！经律论融会贯通，仔细研究，对于你的用功、见道，绝对有最大的帮助。我非常赞成永明寿禅师的意见，真想用功修持，不看经律论，一味地笼统下去，不会有所成就，充其量只有笼统禅，笼统禅是第五病，不能成道的。

第三十六讲

伸脚就在缩脚里

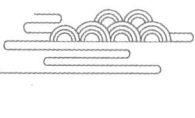

一静还同一动非

任运分正邪

惺寂心与昏散意

禁语皆是多话人

无事是佛事

举足常缩脚

白痴思不思？无思是白痴？

人法俱空　依教奉行

一静还同一动非

如有学人问忠国师云："不作意时，得寂然不？"

南阳忠国师（六九五—七七五），历唐玄宗、肃宗、代宗三朝，是六祖的弟子，也是永明寿禅师（九〇四—九七五）的老前辈。有人问南阳忠国师，意念完全不动时，算不算得到寂然不动、寂灭清净的境界？

答："若见寂然，即是作意。"所以意根难出，动静皆落法尘。

南阳忠国师答复，如果觉得自己在寂然不动的境界，有一个寂然已经是意境上的分别境界，这也是第六意识所造的。所以要仔细研究意根，不管是动的境界或者静的境界，动静二相都是意境的变态。等于一个手背、一个手心。换句话说，拿意根来讲唯识现量境的话，动静二相也都是意识的现量，动的时候是动的现量，静是静的现量。"所以意根难出，动静皆落法尘"，你所证到动相与静相的境界，都是法尘影事。

《楞严经》提到，"内守幽闲，犹是法尘分别影事"，要特别注意"影事"二字。我们感觉到心境很宁静的那个境界也是影子。如果问证道是什么样子？证道就是我无念无心那个样子，这个也是比量。如果硬要将它表达出来究竟证道是什么境界？好吧！证道就像到了阿里山顶，既不刮风又不下雨，什么都听不见，这还是比较，比较是意识上的一个阴影，所以叫"法尘"，意根相对的法尘影事。究竟什么是真的静？静是什么样子？那是个大问题，希望大家留意。

故知并是执见修禅，说病为法。如蒸砂作饭、缘木求鱼，费力劳功，枉经尘劫。

如果见地、观念不正确，执著自己主观的成见而修禅，是"说病为法"，把病当成药吃，搞错了！譬如认为无念是定，一上座就求无念，无念变成成见，执著这个成见用功下去，犹如蒸砂成饭、爬到树上找鱼，永远不会成功，因为根本下手的路线就错误。因此，结论说"费力劳功，枉经尘劫"，你修行三大阿僧只劫也没有用，不会成就的。

且经中佛语幽玄，则义语非文。不同众生，情见粗浮，乃文语非义。

一切经典中，佛说的话都非常幽远而有深度，然而一般人看经典不明佛经深远的义理，仅仅只是粗浅阅读不加深思，便妄认明了。讲经典、研究佛学的，则把经典文字用其他的知识作概括性地比较，把佛经幽深的义理，当成作学问一样，做比量的推测；看经文并没有回转到自己心地上做功夫，将经典高深幽远的义理会之于心深加体会。也就是说，一般人看经典，并没有从内心去体会自己所修的境界。

所以说佛经的道理不同众生的情见，众生看佛经或任何书，都有一个先入为主的观念，这个观念是很粗糙浮浅的。所以我们要了解，佛经的文字义理并不是一般所讲的道理。

任运分正邪

又若执任缘无著之事，尽落邪观；得悉檀方便之门，皆成正教。

如果执著一切放任自在、一切无著无念就是佛法，就是禅，那就落于邪见。但是反过来说，果真证道得到了悉檀，任缘无著虽然不是道，可也是一种入道的方法，可以说方便任缘都成了正教。

"悉檀"二字不作翻译，《大智度论》上有"四悉檀"的解释，勉强翻译，与中文"境界"一词相似，不过中文所讲的"境界"，我们还比较容易想象体会，悉檀是得道成就的境界，不是凡夫意识所能意会得到的，用"境界"二字不能概括"悉檀"，因此不翻译。

惺寂心与昏散意

是以药病难辩，取舍俱非。但且直悟自心，自然言思道断，境智齐泯，人法俱空。向众生三业之中，开佛知见；就生死五阴之内，显大菩提。则了义金文可为绳墨，实地知识堪作真归。

什么是病？什么是药？很难分辨清楚。在座有一位道友提到永嘉禅师的止观法门，永嘉所走的路线是天台宗止观与禅宗修定合而为一的路线。他提出二个观点："惺惺"与"寂寂"，用中国文字讲，惺惺就是清醒的，寂寂就是空空的。我们学修道打坐，"惺惺寂寂是"，空空洞洞什么念头都没有，可是什么都清楚，这就对了。"散乱惺惺非"，坐起来什么都知道，可是念头乱七八糟，游思浮动，那就错了。"寂寂惺惺是"，空空洞洞、清清楚楚是对的；"昏沉寂寂非"，什么都空空的，人也迷迷糊糊的就错了。

所以他说，惺惺可以依止寂寂，一上坐什么都不想，空空洞洞，这是我们大家的经验，寂寂以后就昏沉。那么，你说坐好一点，肩膀端一端、头扬一扬、眼睛瞪一瞪，脑子清醒一点，一清醒，散乱来了。虽然"惺惺""寂寂"是药，寂寂可以治惺惺，惺惺可以治寂寂；药可以治病，但是吃多了又生病。所以我们心理的状况非常难治疗。现在医学发达，有专门医治心理病的医生，心理病医师的大祖宗是释迦牟尼佛，他对生理、心理的病搞得太清楚了。我们的心理病就有那么麻烦，所以是药是病，很难分辨。

魔境界与圣人境界，也是药与病的差别。悟道以后，魔境变作圣境；不明白本体，即使圣人境界都是魔道，这是药病之辨的关系。所以他说"**药病难辨，取舍俱非**"，取舍就是"择法眼"。常看佛经上说，佛一次说法以后，有多少多少众生得法眼净。比如现在一看经教，阿弥陀佛在世就好了，听闻佛法后马上得法眼净，但别以为头上会多了一只眼睛。法眼净就是头脑清楚，晓得正法、非法，对于佛法的选择是正是邪？或者正的变邪的？邪的变正了？这个选择搞清楚了就是法眼净。

禁语皆是多话人

"**但且直悟自心**"，永明寿禅师认为，主要的还是要真正用功，明心见性。明心见性在禅宗所标榜有几句话："**言思道断，境智齐泯，人法俱空。**""**言思道断，境智齐泯**"这八个字非常重要。"言语"包括文字；"思"很麻烦，思与言语文字也是一样，站在哲学的立场，一个人的思想没有表达出来的时候是思想，表达出来则成为言语或文字，再变为行为。其实言语、文字也是行为的一种，是已经表达在外的思想。所谓思想即内在没有表达出来的言语，也就是心理的行为。

禅堂常见"禁语"二字，实际上不挂"禁语"牌的人还不太想说话，挂了牌子以后话反而多了，由此可见人的心理有多妙！你不禁止他讲话，他都懒得讲；你一禁止他讲话，他非讲不可，这就叫做众生。你要他吃的时候，他并不想吃；你故意不给他吃，他一定抢着吃，这就是众生的心理。

无事是佛事

我们平日打坐，心理的语言思想没有断过。很多人认为自己悟了，虽然表面不承认，表现出来的态度却好像悟了，看这个不对、那个不对。不管有没有悟，有一个自我测验的标准，等于现在有各种病可以试验的药品，这里有个药品给你，你有没有做到"言思道断"？不是压下去的无念，也不是压下去的无著，自然而然不想。从前有个禅师说："不是息心除妄想，只缘无事可思量。"不是故意有心的去除妄想，是自然不想。"言思道断"，断是形容词，不是有意切断，是自然没有。

在禅宗典故公案中，南宋初期有位大慧杲禅师（一〇八九—一一六三），比永明寿禅师晚了一百多年，与济颠和尚同一时期。大慧杲禅师聪明绝顶，当时禅宗相当流行，他的佛教学问好，普通文学也好，对禅宗太熟了。他十几、二十岁时，每一个善知识、禅宗大师都见过他，个个都喜欢他，认为他悟了，但他自己心里有数。大慧杲认为天下这些大师没有一个是真的，都在骗人。他知道自己没有悟，只是道理通，那真是"和尚不吃荤，肚子里有素（数）"，可是大家都认为他悟了。如果这样也叫禅的话，他准备写本《无禅论》，以免"枉费精神，蹉跎岁月。不若弘一经一论，把本修行。庶他生后世，不失为佛法中人"。

大慧杲的学问不得了！譬如看《华严经》看到"十智同真"的境界，他立即写了一首偈子：

兔角龟毛眼里栽，铁山当面势崔巍；

东西南北无门入，旷劫无明当下灰。

世界上一切事情皆如梦幻空花。"铁山"一则形容释迦牟尼佛修道的雪山，一则比喻达摩祖师面壁，当前一面屏风与外界隔绝了关系。"旷劫无明当下灰"也等于"不是息心除妄想，只缘无事可思量"。悟道的人也不过如此，一看有悟境喔！假使现在年轻人写出这么一首诗，我们一看，也以为真悟道了。

大慧杲当时这首偈子一写出来，大善知识洪觉范（著有《临济宗旨》等篇）当时五、六十岁，大慧杲二十岁出头。洪觉范一看大慧杲的诗偈说："奇怪！我二十年用功，不过到这个境界。"洪觉范说大慧杲悟了，大慧杲抿着嘴笑，这样叫悟了，这个佛法骗人。

那个时候禅很流行，同现在一样，青蛙噗通一声跳下水就是禅；天地一沙鸥，是禅的境界，到处都懂禅。

举足常缩脚

当时有位守珣禅师刚悟道，呈偈给他的老师佛鉴禅师，而得到印可。这首偈子这么写：

终日看天不举头，桃花烂熳始抬眸；

饶君更有遮天网，透得牢关即便休。

但大慧杲的老师圆悟勤禅师（一〇五五——一一三五）就不太相信，他要勘验，就叫人把守珣找来，一齐游山。恰巧经过水潭旁边，突然一推，把守珣推下去。守珣掉进水潭冒出头来，圆悟勤就问："牛头未见四祖时如何？""潭深鱼聚。""见后如何？""树高招风。""见与未见时如何？""伸脚在缩脚里。"圆悟勤这才大为称许。真悟了，就是这样。为什么这样整人呢？因为当时这一类人太多，一看文字，好像悟道了，但是文字可能骗人的，所以须加勘验。

白痴思不思？无思是白痴？

如何是"言思道断"的境界？在教理上，前五识、第六识、第七识、第八识都有五遍行：作意、触、受、想、思。阿赖耶识本身就有"思"的作用，请问"思"怎么断？现代年轻人参话头，参念佛是谁？那有什么好参的！念佛是我。我是谁？这我就是你，你是谁？你就是狗。狗是谁？狗就是我。一路转过来就是一句话：同体。那个不要参了！

真的话头在这里，阿赖耶识全体心识本身就有作意、触、受、想、思的作用。请问，阿赖耶识思路真断了，就称为断灭见；如果不称为断灭见，那么阿赖耶识的"思"怎么断？这就是话头嘛！尤其现在青年，知识普及、逻辑训练好，应该从这个地方参话头。过去的话头：念佛是谁？狗子有没有佛性？管他狗有没有佛性，反正送到香肉店都一样。话头也要跟着时代走，教育普及，思想发达，话头正好在这里参。

怎么叫"言思道断"？五遍行的"思"必然存在一个功能，假使人没有思，除非白痴。不过这又是个问题，白痴有没有思？白痴没有反应，没有执著，但是白痴晓不晓得肚子饿？人生基本的东西，白痴还是知道，冷了会发抖，见闻觉知仍然有，那么，这个是"想"还是"思"？这些都是问题，科学时代正好参话头。现在时代还把话头摆在念佛是谁？狗子有没有佛性？唉呀！退回宋朝做人好了！

真悟道的人，第一，"言思道断"；第二，"境智齐泯"。问题来了，真悟道了，一切无境界，无智亦无得。有一个境界在，就离不开意识的形式；如果没有境界绝对没有，那又成断见、大愚痴了。如果有所知有所得呢？岂不落在妄想中！这是大话头，应该在这个话头上去参，如何是"言思道断，境智齐泯"？

人法俱空　依教奉行

接下来是讲实证功夫。真悟道的人，"人法俱空"，人空、法空。大家念佛打坐，参禅也好，修止观也好，有没有做到人空？连身空都做不到，坐在那里两腿发麻，开始还蛮清净，后来是蛮"乱麻"，再到后来不是麻，光参腿痛好了！一分一秒地熬腿。我们连腿空都做不到，还妄谈人空？人空以后，还要法空。真证道的人的确是"人法俱空"，这个境界到达了，才称得上悟了一点。悟了以后，转过来"向众生三业之中，开佛知见"，然后才可许放旷任运，这样才是菩萨境界，在众生身口意三业中处处行菩萨道，不必要一定出家或一定不出家；出家也好，不出家也好，都在身口意三业中行佛道，在众生三业之中开佛知见。

"就生死五阴之内，显大菩提"，如此，可以在生死中轮回，五阴色身之内，显大慈悲、大菩提之行为。

"则了义金文可为绳墨"，要想达到这个境界，他说佛经大乘经典了义经文，正好作为你修行的标准，做功夫的指导，为什么你不去研究？

"实地知识堪作真归"，真正的大善知识就是佛，虽然我们没有亲见他，他的遗言遗教等经文还留在这里，为什么要堕在增上慢、我见中，不好好去研究经典？佛所讲的，都是实地所证的真知真识，是我们应该作为依归的所在。这是永明寿禅师说明不仅要功夫做到，教理也要通的重要性。

第三十七讲

幻境不栖无住心

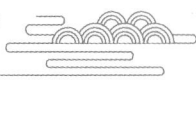

念成智珠心华艳

上次讲到"**则了义金文可为绳墨，实地知识堪作真归**"，即宗教之理与修证宗旨相配合，如果真做到了，那么，接下来：

214

> 故得智炬增辉，照耀十方之际；心华发艳，荣敷法界之中。

此处又可见永明寿禅师四六体对仗文句的文采。他说，教也通、宗也通，宗教的学理通了，配合修证的悟道，得道了，智慧像火炬一般光明，照耀十方，十方指空间。"**心华发艳**"，意解心开，全心如华绽开，"**荣敷法界之中**"，心花开敷，欣欣向荣，遍满法界。

> 又若深达此宗，不收不摄。即想念而成智，当语默而冥真。

再说，宗也通、教也通的人深达此宗，自然了解各宗各教最后的依归，没有差别了。"**不收不摄**"，收摄二字表示专门归到某一宗，例如研究净土的，只认净土的对，其他都错了；研究禅宗、天台宗、密宗的，也都抓到鸡毛当令箭。真深达此宗镜的人，就自然"**不收不摄**"在某一点上。

"**即想念而成智**"，悟了道，任何起心动念已不是妄念，而是智慧的运用。注意"**即想念而成智**"这句话！一般想与念都是妄想，妨碍正道；真正悟道的人，即妄心即般若，就是智慧。

"**当语默而冥真**"，不管开口讲话或默然不语，寂然在定，处处在真如境界中。

入定出定已不定

出入之定难亲，忻厌之怀莫及。

一般人往往认为入定，得四禅八定成就就是道，不入就不是道。其实，定若有出入，那只是小乘境界、小乘功夫。就形而上的真如本体来说，定本来就无出也无入，既没有入世，也没有出世；既无出家，也无在家；既无所谓入定，也无所谓出定，当体即是，无往而不是。所以说"出入之定难亲"，拿出定入定来说明道体，都是不对的。

"忻厌之怀莫及"，厌倦生死、六道；厌倦三界，欣乐跳出三界之外；讨厌下，喜欢上。有出世与入世、升华与堕落的差别，都还不是道的真正的境界。

故云："忻寂不当，放逸还非。"

厌喧，讨厌世间的吵闹烦恼；忻寂，喜爱出世间的清净；这两者都落于边见。真悟道的人，忻寂与厌喧都是错误、偏差的，要两样都不著，无所著而生其心。

"放逸还非"，忻寂与厌喧都不对，但放任自然，不加检点，即落于放逸，那也不对。此中巧妙只有真正悟道的人可以知道。接着永明寿禅师引述李长者的《华严经论》：

普贤何在

如《华严论》云："普眼等诸菩萨，以出入三昧，不得见普贤三业及座境界故。"

我们都晓得大乘佛教有四大菩萨代表学佛人四大威仪，也是四种见道境界。文殊菩萨代表智慧，所谓大智文殊师利菩萨，他的坐骑（即交通工具）是狮子，力大无穷，能破一切障碍，是百兽之王。慈悲心以观世音菩萨为代表，大悲观世音菩萨的坐骑多了，我们在画像上可以看到其中一种，观音在大海中立在鳌头之上。鳌鱼是非龙非鱼，不是龙也不是普通的鱼，即非凡非圣，不是圣人也非凡夫；大海代表一切众生在苦海中。这就表示，只有观世音菩萨独立而不遗，在非凡非圣境界中度一切众生。

大行普贤菩萨，大行即愿行，行和愿一样，只是稍有差别。拿现代观念来讲。"愿"是内在心理的思想、行为；"行"是由思想表达到外面的作为。实际上，愿就是行，行就是愿，愿、行是一贯而不可分的。大行普贤菩萨的坐骑是白象。中国人喜欢拿骆驼或牛来比喻担负的责任重大，而印度人则以白象表达力大无比，负荷的责任最大。而用在佛经上，即表示修行者利益一切众生的重责大任的精神，他的行动是如此任重而道远。这就是普贤菩萨的精神。

《华严经》里有一位普眼菩萨，普眼就是代表眼睛能普照一切。有一次，普眼菩萨要找普贤菩萨究竟依住在什么境界；依据佛经教理，初地菩萨不晓得二地菩萨做些什么，换句话说，初禅定的人不晓得二禅定是什么境界，等于一年级学生不知道二年级学些什么。普眼菩萨有一天找普贤菩萨究竟在哪一种三昧出入。三昧译为正受，即生理与心理的正定觉受，究竟在什么境界？找遍了，始终不得普贤的身口意三业做些什么：他的身体做些什么事？嘴巴说些什么话？思想想些什么？普贤的三业当然做的是善业，但是那种境界普眼找不出来。

其实何必找菩萨的境界！大家有兄弟姊妹或最要好的朋友，他们坐在你身边，心里想什么你知不知道？同样的，凡夫与凡夫之间，也找不出对方的三业在做什么，菩萨境界也一样，"不得见普贤三业及座境界故"，"座境界"在哪里？不是说他的白象在哪里站住！而是说，他入定依住的座位，即立足点在何处？那么，要以什么方式来了解普贤呢？

语言文字是幻术

> "举幻术文字中种种幻相，无所住处喻，明幻术文字之体，了无处所，如何所求？"

经典指出一切幻术文字的种种幻相。电影、幻灯片就是幻术，如梦如幻，是变把戏变出来的东西。幻术师告诉你是假的，可是你当场看是真的。这个世界上的一切，也比如一个大变把戏者在变幻着，没有真实的。

"幻术文字中种种幻相"，言语文字都是人类的幻术，文字不过是符号，写"花"就知道是花，意识透过文字幻术而呈现花的影像。这个花和字都是假的。假使构造中文的老祖宗，用其他符号来代表花，现在我们在意境上就会呈现其他的文字符号。所以我们有时看到文字而掉泪，看爱情小说哭得稀哩哗啦，都是被幻术境界所骗。

世人很奇怪，尤其年轻人，爱情小说往往看得入迷而落泪。我们小时候看《红楼梦》《茶花女》也会掉眼泪，反正眼泪不值钱。尤其女孩子的眼泪比男孩子更快，还没有说那件事，她眼泪就来了，实际上很好玩。我经常告诉同学不要神经，你不要把自己写成爱情小说故事的主角。所谓爱情，能持续多久？你统计一下，最多不到三年；《浮生六记》比较长一些，不到十年。那些一见钟情，你要注意，看一眼就钟情，下一眼就看不到了！只有几天而已！然后写出一本小说，既骗了自己，也骗了读者，梦魂颠倒。所以"多情自古空余恨"，"好梦由来最易醒"。

好多年前，我在辅大上课，有个同学说这句诗要改一改。我问改什么？他说："多情自古空余恨"，这句不要动；下一句要改成"好梦由来不愿醒"。我说改得好。一切众生确是"好梦由来不愿醒"。梦的世界很奇怪！做好梦很快醒，如果梦见得到钞票，啊！一下子就醒了！如果梦到被鬼压到，唉呀！我的天啊，哪个赶快来救命啊！偏偏梦得久。所以古人的诗很有道理。世界上一切文字皆如梦幻空花。

幻境不栖无住心

"种种幻相，无所住处"，精神世界、物理世界一切万象，不是永恒存在，它很快的变去。所谓"无所住而生其心"，不是要你去找一个无所住的境界，你说"无所住而生其心"，你早住了。住在哪里？住在你那个无所住上面。无所住不是你去无所住，而是它本来无所住。如果你彻底了解"文字中种种幻相，无所住处"，就可以见到普贤菩萨。

普贤的境界如何？引用西方宗教哲学的一句话，"无所在，无所不在，处处皆是"，但是你找不到它。所以永嘉大师说过一句话，"寂灭性中莫问觅"，道在哪里？自性本来清净，你不去找它，很现成；你一寻找这个境界，却找不到了！普眼菩萨不只两只眼睛，他有三只眼，乃至有十只眼，前面三只、后面三只、顶上一只、喉咙一只……普眼菩萨拿十眼观照，找不到普贤菩萨，因为一切如幻相。你找一个实际境界求普贤，普贤不可得、不可见。所以《华严经》以这位菩萨的境界来表达佛法。

这就告诉我们一切皆是幻，文字游戏也是幻，乃至三藏十二部的文字都是幻。我们研究佛学，结果被佛学理论、名词困住了！天天在那里搞佛法、搞佛学、找境界，你早就被骗了！被什么骗，被幻术所困。"幻术文字之体，了无处所"，言语文字是表达意思，意思懂了何必执著言语文字？所以佛在《金刚经》上说，过河需要船，既已上岸又背着船，岂不愚笨！言语文字也不过如此。

再说在座的青年都是知识分子，至少从小学磨到大专以上，已经磨了十几年，你那个文字在哪里？了不可得。现在当了大学生，与小学一年级时的感觉比较起来，是有不同，多懂了些。但现在找找看脑子真有些什么东西？没有！一切如梦如幻，都过去了。你说不懂吗？真懂了一些；懂了什么？"文字之体，了无处所"。

西天的红包文化与无字真经

所以我经常说《西游记》这部唐僧取经的小说，写得真好真妙！孙悟空与唐僧一行见到佛，佛说："你们很辛苦，功德圆满。好啦！你们的目的是要取经。"佛就吩咐大弟子迦叶尊者把三藏十二部经典交给他们。迦叶尊者问佛："给哪一种经？"佛说："他们从遥远的东方来，功德圆满很辛苦，给最好的。"佛未加说明给哪一种佛经。结果迦叶尊者带领唐僧一行到书库，准备拿钥匙开书库，迦叶尊者手一伸说："拿来。"玄奘法师问："什么拿来？""红包拿来。""啊！"孙悟空气得要揍迦叶，"世界上到处要钱，你这里也要钱，你这个老和尚不该死？"玄奘法师说："不要吵！不要吵！最后一次，请师父慈悲慈悲。实在一路取经，碰到九九八十一种魔难，来到这里已经什么都没有。""那不行，这里规矩要拿啊！""实在是没有了。"迦叶说："你身上还有衣服。""出家人只剩了一件袈裟。""一件也可以，拿去当啊！"唐僧只好脱了袈裟，叫徒弟快拿去当了。孙悟空一边气一边抓脑袋要修理迦叶。

这个道理说明什么？学佛要福德和智慧资粮，一个学佛人先要具备这个红包（本钱）。福德资粮、智慧资粮不够，没有办法谈，《西游记》用那么一个故事说明。

好啦！迦叶尊者打开书库，取出三藏十二部经典交给唐僧，任务完了。西方雷音寺很大，山门很远，孙悟空猴子鬼精灵，说："师父啊！靠不住，这个老和尚到这里都要钱，打开检查看看，该不要弄破的经典，我们那么辛苦来取经。""唉！猴子就是猴子。"唐僧说："你要诚恳相信人嘛！佛的大弟子哪会有错！"孙悟空说："靠不住，他要红包！"打开检查一看，唉哟！不得了！每一本都是白纸，孙悟空一面大吵大闹怪师父，一面嚷着要把迦叶抓出来打死。

这一吵，佛在打坐听到了，孙悟空向佛报告："迦叶不但要红包，拿了红包还给白纸。"佛笑着说："猴子啊！你不懂。"佛把迦叶找来问："怎么给他们这种经典？"迦叶回说："世尊，是您交代要给最好的经典。最好的经典是没有文字的，本来就是道。"佛说："你搞错了。我是那么讲，不过他们智慧低，你还是拿次等有文字的给他们。"迦叶说："那好那好，拿去换过来就是了。"

第一等智慧不需要文字，《西游记》即说明这个道理。大智慧不是文字！文字言语是幻术。所以经典上说，在文字上求道找不到道。但反过来说，如果认为没有学问，就可以成道，那又错了。不可以拿文字言语是幻术，作为不研究教理的借口。

念念本寂

"不可将出入三昧处所求之。去彼沉寂、生灭，却令想念，明想念动用，体自遍周。用而常寂，非更灭也。"

这是普贤境界，在文字言语上求普贤，用再多的眼睛也看不见。要如何得到普贤菩萨的境界呢？不可以从"出入三昧处所"得之，他没有一个固定的位置，不在内、不在外、不在中间；不在丹田、也不在眉间，更不在头顶，那是肉做的，肉老了衰坏了，最后死亡没有气了，化为脓水臭得不得了！这里有个什么道？你看住这里干什么？这里如果有道，你到中央市场买块肉贴在这里不就好了！不是的，那是个方便，在这些地方都找不到普贤境界，所以不可从"出入三昧处所"求之。

"去彼沉寂、生灭"，如果打坐什么都不想，呆呆的、糊里糊涂，以为这个就是道，那是沉寂境界。沉寂，也叫昏沉，这个不是，要拿掉。那么，不在沉寂境界，在生灭心上求呢？我们的妄想就是生灭，这个念头去了，那个念头来，在这个念头上用心，或者念了多少佛、念了多少咒子、做了多少功夫，这都是生灭心。沉寂和生灭是两边，要离开两边，"去彼沉寂、生灭"。

"却令想念，明想念动用，体自遍周"，张开眼睛，一脑子的思想妄念就是想念。除了上面的境界以外，你再也找不出一个境界来了。所以大家都想找空，实际上你坐起来有个空的境界，这个空不是沉寂，就是把想念压下去，那还是沉寂，再不然就在生灭中。

譬如修止观的《六妙门》，入手方法是听呼吸，但是你们要注意！绝不能怪天台智者大师没有说清楚，只怪我们自己读经没有搞清楚。他告诉我们这是上座修止观以前，一个初步调心的法门，使你比较宁静。心里已经宁静，就不要再听呼吸了。呼吸是生灭来去的生灭法，你心跟着生灭法永远搞下去，搞到哪一天？搞到千生万劫也还在生灭法上。所以修一切佛法是"过河需用筏，到岸不需舟"。开始上座，利用它调息、宁静，既已宁静就不理呼吸，进一步用别的方法，那就要观心了。你不这样走，不是在沉寂境界，就是在想念境界里，很难上得了路。

如何去悟道呢？你要明白一切"*想念动用，体自周遍*"，想念动用生灭来去，是体上起用，等于一个平静的海面起的波浪，尽管波浪汹涌，它都是水变的。你要把它宁静回来以后，全波还是归到水，那个生灭动用的本体，永远是不变的。这个体在哪里？无所不在，无所在。

"*用而常寂，非更灭也*"，这几个字最重要。为什么要怕起心动念？起心动念，用过便休。就像我们七点钟上课，一开始讲那么多话，诸位也用过了，用在听话，用了就没有了，你留也留不住。"*用而常寂*"，本来在寂灭中；"*非更灭也*"，用不着再用一个心去灭掉妄想，求一个定。盘腿打坐用功求空，用心去灭妄想求定，你又在生灭中了。"*用而常寂，非更灭也*"，并不是另外求一个空、灭。《华严经》所讲，普眼菩萨用有法，用有觉有观的作用来找不生不灭普贤自在的境界，那都错了，他永远找不到。

神通之秘

> "*以是普贤以金刚慧普入法界，于一切世界无所行、无所住。知一切众生身皆非身，无去无来，得无断尽、无差别，自在神通。*"

这就是普贤菩萨境界。普贤普遍呈现在我们眼前，为什么我们看不见普贤菩萨境界？要想看到普贤境界，要以金刚智慧，不是普通的智慧。什么是金刚智慧？不动摇、寂然不动、颠扑不破的智慧。金刚钻被古人比喻为最坚硬的东西，其实金刚钻以高温处理也能融化，不过不易打碎罢了！古人以金刚做比喻，代表颠扑不破。而在《金刚般若波罗蜜经》里，金刚又有能断一切法，能破一切烦恼的积极含义。

什么东西打不破？世界上没有一样东西打不破，只有一样，"空"，永远打不破。徒手挥空，毫无影响。李太白的诗："抽刀断水水更流"，然而水可以用两座堤防分开，虚空却分不开，在虚空中建一栋房子，是占住虚空，但拆除了房子，虚空仍是虚空，始终不动。所以只有空的境界是金刚慧，无法动摇，颠扑不破。

普贤以金刚慧普入一切法界，以空的智慧、证到空的境界来看一切法，"一切世界无所行、无所住"。换句话说，以佛眼看，人类不管五千年历史、五百万年历史，根本没有动过；今天就是明天，明天就是昨天；昨天就是过去，一亿年、一百亿年，也就是一天。我们看佛经第一句话"如是我闻"，接着就是："一时"。从人世间学术观点看，印度文化的缺点是没有时间观念，佛经不记载佛是在哪一年、哪一天说的，只用一个笼统的名词"一时"就代表尽了。

如果拿形而上观点来看，这"一时"的文字记载是最高明的，不管过去千年万代、未来千年万代，就是一时，没有过去，亦无未来，只有当下。因为时间是相对的，没有固定的。地球的时间不是月球的时间；月球的时间不是太阳系统的时间。懂了这个道理，知道世界无所行；普贤是大行，也是无所行。一切行为过去皆空；未来没有来是空；现在当下空。所以，本来就无所住、无所行。由这个理就可以了解普贤的境界。

"知一切众生身皆非身"，这一点难了！大家之所以不能求证到佛法的真谛，就是被身见所困，身见难去。普贤境界知一切身皆非身，身都是假有，这句话很难体会。大家坐在这里，要承认自己没有这个身体，做不到的，这就是欲界的众生，容易被身见所困。乃至诸位学佛的，不管修哪一宗派的法门，净土也好、止观也好、禅宗也好、密宗也好，为何不能进入？你被身见所困。

大家反省一下，十几年前的身体是不是这个样子？一讲你就觉得自己很老。小学六年级的时候身子多好！现在是什么身子？现在早已不是当年的身体，此身随时变去。今天身体站在这里，明天再站在这里，位置也不同了，因为地球已经转了一大圈；时间更不同，今日身已非昨日身，新陈代谢不知代谢了多少东西，流汗、大小便等各种排泄，变化了许多细胞，生生灭灭。所以"一切众生身皆非身"，由此了解进去，知此身非身。这句话最重要在这一点。欲界众生学佛修道难以证到道果，原因何在？第一障碍是身见，身见最难去。普贤菩萨的境界，知一切身皆非身，也知道一切万象的动静，无去也无来，没有过去，没有未来，当下就是。

"得无断尽、无差别"，得到什么境界？不是断见、不是空，你有个空的境界就是断见；无断就是无尽，无尽就是无量无边。通常大家有一个观念，只要打起坐来，把妄想、烦恼尽了就证道了！这就是断见。在《心经》观自在菩萨告诉舍利子："无无明亦无无明尽，乃至无老死亦无老死尽，无苦集灭道，无智亦无得。"如果你认为烦恼尽了是悟道，那你就错了！落在断见境界里。烦恼本来无根，无去也无来，所以说"得无断尽"，不是断也不是尽。

也得到"无差别"见，什么是无差别见？例如"烦恼即菩提"就是。但还没有证入本体的我们，是有差别见的，例如喜欢安静、讨厌喧闹等等。你说，厌喧求静是小乘境界，他却说："道理懂，功夫没有到，所以要躲开修一下，以后再回来。"那许多是没有出息的人讲的话，实际是想偷懒的心态。在这个世界受不了尘劳烦恼，对当下无断尽、无去无来的智慧不了解，因此他害怕，只好逃避。以世法来讲是逃避心理，绝对逃避，他不敢真到烦恼丛中磨练。在烦恼丛中烦恼到极点，就空掉了。等于一个普通人稍稍吓他一下，吓死了！要是狠狠地吓他："怕就要你的命！"他不怕了，因为要命嘛！所以不怕了，就是这个道理。

所以，彻底了解"无断尽、无差别"的普贤境界，才能得到"自在神通"。讲到神通，别以为是摇身一变，三头六臂，有神秘观念又错了！大神通是大智慧。神通，以中文解释，神而通之，通达一切法、通达一切智。

上面几句是解释普贤菩萨自身的境界。普贤境界是什么？我们再重复一遍："普贤以金刚慧普入法界，于一切世界无所行、无所住，知一切众生身皆非身，无去无来，得无断尽、无差别，自在神通。"这个是普贤境界。

第三十八讲
尽虚空是莲座

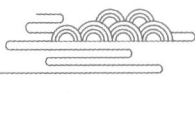

神通的真相

天灵盖中的甘露

尽虚空是莲座

怎么少了一头牛

梦想成真

是法平等　无有高下

菩萨的洁癖

不见世间过　多逢菩萨来

虚空下雨不曾湿

众生体是佛体

普贤早现你我心中

神通的真相

"此明任物自真，称之为神。不为不思，不定不乱，不来不去。任智遍周，利生自在。知根应现，名之为通。"

再来这一段非常重要，尤其诸位青年学佛想走大乘路线、认识佛法是什么东西？基本上要特别注意。《华严经》讲到普贤菩萨境界要我们明白什么呢？明白"**任物自真，称之为神**"。任物，一切外境、万物，譬如我们坐在这里，左右周围不管什么，一切都是物，你放任自在，心里不起分别，内外不离，一切幻的即是真的，这是"**任物自真**"；用中国文字解释这个境界，就是神的境界。

明朝诗人有两句诗，讲人生做人的道理："**足根立稳千秋定，心境空时万象现。**"希望诸位年轻的同学记住这两句古人的诗。人生的哲学、教育的最终目标，在建立一个人的人格，不要因为环境而动摇，功名富贵、有钱无钱、有地位无地位是次要的事，人格要建立。"**足根立稳千秋定**"，这是大定，不要以为打坐才是定。那么，拿做功夫来讲，我把它改一个字："**意根立稳千秋定，心境空时万象现。**"一个人心境、意念一空，森罗万象与我什么相干！这就是普贤的境界。

所以说，一般认为中国哲学非常难，因为中国的文哲不分，哲学思想表现在文学意境中的非常多。当然，为了文学境界，你也可以把"**心境空时万象现**"，改成"**心境空时万象虚**"，学文学的一定喜欢用这个字，但是不好，心境也空、万象也空，万象非心境所空之空，而是心空无我之翳障时，万象自显，便入普贤的境界。

刚才说明"**任物自真，称之为神**"，像这些句子是悟道成道最重要的句子，你们要特别注意！

"不为不思"，神的境界也就是明心见性。上面告诉我们，文字是幻术，不要被幻术名词骗去，用"神"字替换明心见性的"性"，不要认为一个"神"字不是道，这是观念被文字的幻术所骗，这些都是名词；透过名词背后，你了解了那个东西就对了，不要被名词绑住。所以说"任物自真，称之为神"，这个时候，"不为不思"，无为的境界，再也不要加思维分别，那么，这个现象就"不定不乱"，这是普贤三昧，如果有一个定的境界，意境已经被一个东西绑住了。

不定也不乱，不来也不去，这个时候是什么境界？"任智遍周"，你自性的智慧功能普遍存在。每个人生命本有的真智慧，这个智慧能够了知一切，万象皆知，而都没有动过，并周遍无所不在。"利生自在"，可以自利也可以利他，这个叫做自在。

"知根应现，名之为通"。什么叫神通？上面讲个"神"，这里讲个"通"，你把"任物自真，称之为神""知根应现，名之为通"四句连起，"神通"便解释完了。"知根应现，名之为通"，你那个能知之性，无所不应，此心像明镜一样，物来一照就有现象，过去就不留。你的知性之根应现无方，没有固定的，这样就叫做通。镜子不留一点尘渣，物来则应，过去不留。

"万法如是无出入定乱，方称普贤所行三业作用及座。"

以上的道理明白了，就晓得一切万法本闲。禅宗祖师有一句话："万法本闲，唯人自闹。"一切法本来清净，觉得不清净是我们自己在胡闹，自己有分别心，无分别心即不胡闹。

天灵盖中的甘露

禅宗史上有一典故：唐代时，韩国新罗有位元晓和尚（六一八—六八六）来到中国学禅，后来回到韩国写下著名的《起信论疏》，为一代祖师。当时交通不便，他从福建上岸，到江西一带找师父，夜里在乱山中行走找不到地方，只好在山里就地打坐，口渴没有水喝很难过，手往身边一摸，摸到一个小瓢，再摸有水，端起就喝，心想："啊！好清凉、好舒服，菩萨感应，给我甘露。"

早晨睁开眼一看，"我的妈呀！死人的天灵盖。"死人头骨烂了翻过来像个小碗，接了雨水。他一看喝的不是甘露，一恶心就呕吐出来。呕吐什么？"万法本闲，唯人自闹"，一切都是唯心自闹，因此他悟道了。这是中韩文化史上有名的禅宗典故。

所以说，如果我们了解万法如是，无出入定乱的差别，这个差别是唯心的，是心理的思想、意境、观念不同所变出来的，人的观念一固执起来就很可怕，懂得了这个道理，才谈得上了解普贤菩萨所行三业的作用。普贤心口意三业怎么样？座位境界怎么样？他又引用一段佛经：

尽虚空是莲座

"如十地菩萨座体，但言满三千大千世界之量；此普贤座量，量等虚空，一切法界大莲华藏故。"

我们看画像，普贤菩萨的座位上有座莲花在大象背上，《华严经》上说普贤菩萨的座位有多大？在座有许多学数学、学工程的想想看，佛经上说普贤菩萨的座位"量等虚空",虚空有多大,他的座位就有多大!到今天为止,太空科学、天文学如此发达,不敢说虚空有多大!只了解到目前的宇宙是一直在扩张中,拿佛学道理来说就是无量无边,没有办法摸到它的边际。

那么,普贤菩萨的座位等虚空,充满了一切法界。我的菩萨!您千万站住,不要坐下,如果坐下,我们没得站的地方,都被他盖住了!所以佛经上说阿弥陀佛的舌头是广长舌相,成了佛都有三十二相,舌头又宽又长!多宽多长?阿弥陀佛一讲话,舌头吐出来量等三千大千世界。阿弥陀佛您千万不要说话,一说话我们衣服都晒不干了!三千大千世界都被他遮住了!如果从这个角度看佛法,你怎么办?

普贤菩萨座位量等虚空,是个大莲花藏。《华严经》看这个宇宙是一朵莲花,不是南海路植物园的莲花,八瓣、六瓣不算数,是一千片花瓣的千叶莲花,而重重无尽。一花一世界,一叶一如来,每一花瓣上生出莲叶,有一千叶,每一叶上又生出一朵莲花,又是一千朵,这个宇宙是那么的层层叠叠,一体相连,牵一发而动全身,所以叫"华藏世界"。

所以佛法的宇宙观实在同现在的科学宇宙有关,科学不了解这一点,如果了解应该有新的发现。佛法这个观念属于科学中的什么?学科学的青年注意,不要太落伍,这个属于理论科学,理论科学是科际整合的基础科学,把物理、化学、太空、电子等等学科全部归纳起来,这样的理论科学接近于哲学,可以说是一种科学哲学。

普贤菩萨的座位"量等虚空,一切法界大莲花藏故",这是讲什么道理呢?刚刚讲若真有这么一个座位还真是可怕,我们没有地方坐了!当然我们也很高兴能压在普贤菩萨的座位下。这是要我们明白一个道理,经典上所谓"座",是立足点,也可以说是一个坐标,你要把这个开发智慧的"大目标"认清楚。那么如何认法?

231

怎么少了一头牛

"明知十地菩萨智量犹隔。"

232

普贤菩萨的境界、座位那么大！凡夫看不见，即使到达十地菩萨，其智慧也是有限，不能等同普贤菩萨。普贤与文殊二位菩萨在佛学上称"等妙二觉"，文殊是等觉，其智慧与佛一样；普贤是妙觉，他的行，起妙有的作用。天台宗有空假中三观，凡夫境界叫假观，菩萨境界叫幻观，大菩萨境界叫妙观。凡夫是假有，菩萨是幻有，大菩萨境界是妙有，真空生妙有。那么，它的差别在哪里？智慧的成就。所以说普贤菩萨的座位那么大是因他的大智慧；反之，心量没普贤之大，也就不可能达到大智慧的成就。

"以此来升此位，如许乖宜。入出如许不可说三昧之门，犹有寂用有限障，未得十地果位。"

普贤菩萨的境界有那么大，因此以普眼菩萨的境界看不见。普眼菩萨想爬到这个境界坐一坐，看看座位放在哪里都找不到！你说座位放在哪里？我们把东西放在哪里最找不到？把钥匙放在口袋里，结果东南西北到处拼命找，啊哈！原来在口袋，我们都有过这个经验，如果连这个经验都没有，这辈子好像白做人了！

世界上最妙的事是，东西找不到不是在外面，而是在里面。譬如我们都晓得学佛要明心见性，这有什么难！凡是一个人活着一定有个心，有个性，可是你就是见不到，等于骑牛觅牛。找自己的东西最难！所以普眼菩萨找普贤菩萨的境界，永远找不到。

"如许乖宜"，"如许"是中国古文的形容词，等于现代白话"这么多"；不要把"如许"解释成"好像许可"。"乖"是错误，"宜"是合适；总而言之，不懂自己心量的境界，像普眼菩萨拿眼睛去找，怎么都不对，反正就是不合适。

"入出如许不可说三昧之门，犹有寂用有限障"，这样无限量的普贤境界，普眼菩萨为什么出出入入各种三昧都找不到？普眼是"照见五蕴皆空"，"照见法界是空的"，可是"妙有"却看不见，"有"的这一面不懂，所以他只晓得寂用。只知"空"的一面，是偏差、有限、有障碍的，没有证得"十地果位"，因普眼菩萨比普贤菩萨差了一点。

"后普贤菩萨大自在故。"

普眼始终跟在普贤后面，但却看不见普贤站在那里，因为普眼向外追求。换言之，他讲了半天，经典文字那么细腻的描述，普眼始终找不到普贤，因为他向外驰求，不能回转来找自己。诸位要注意！这些不只是理论，现在是讲教理，亦即经教。经教用故事表达也好，用理论表达也好，它的目的是使你了解自己。

梦想成真

"故三求普贤，三重升进，却生想念，方始现身。"

特别注意这一段，尤其是老前辈的朋友！他说这位普眼菩萨找普贤菩萨找了三次没有找到，不但普贤菩萨在哪里找不到，他的莲花宝座、白象摆在哪里都不知道，连影子都没有。

"三重升进"，一层一层深入去找，找不到。最后没有办法，只好合掌恳切祈求普贤菩萨慈悲现身。普眼菩萨最后走这个路子。

"却生想念，方始现身"，普眼念头一动，普贤就站在前面。这是什么道理？佛经和《庄子》一样，多半是寓言故事，可以演电影、电视。昨天有位报馆社长打电话给我，告诉接电话的同学叫我一定要去看"释迦牟尼佛"这部电影，这位同学说老师闭关不想去看，但他自己一定要看。结果他说糟得一塌糊涂，简直是糟蹋佛教，所以又跑来一定要我去看看。

我说这个东西没什么糟蹋不糟蹋的，拿现有人世间的艺术文化表达形而上的圣贤境界，本来就非常困难，况且一般商业电影还有它生意上的考量。现在要找一位释迦牟尼佛的演员还真找不到。不是面孔没有，而是面孔那种气质找不到。中国文化讲五百年出一个英雄，三百年出一个戏子，不容易！一个电影明星的成就有他的气质的，好的电影明星，一身细胞都是戏，只要那么一动，戏就出来了！天生圣人，到哪里找？

我们回转来看普眼菩萨后来为什么找到普贤菩萨？注意一句话："却生想念，方始现身。"老前辈用功的同学注意！上面有一句："犹有寂用有限障。"他偏于"空"的那面去了！求普贤呈现都找不到。但一念想念现象来了，由真空中生妙有，性空中生起缘起，"方始现身"，当下就是普贤在那里了。你以为"当下空"才是。"当下有"的这一面也是。光认识这一头，这一念过了，当下空了的就是，那只落在空的一边。反过来要当下起念，起用这一念就是他，真空妙有嘛！

"及说十三昧境界之事，意责彼十地犹有求于出世间，生死境界未得等，于十方任用自在。"

佛经上这样说，普眼菩萨一起念求普贤菩萨现身，普贤就站在普眼面前。普眼即求教他什么是您普贤的境界?《华严经》说,普贤菩萨当时就告诉普眼十种三昧境界之事,普贤十大愿。《华严经》"普贤行愿品",一般佛教界"行"习惯念 héng,实际上念 xíng 也可以。héng 是唐音,广东人讲 héng 就是走,当然不能念成"走愿品"。这个字念 héng 也好,xíng 也好,háng 也好,反正就是这么一件事。普贤有十种行愿,十种三昧境界。

是法平等　无有高下

这段经典在表达什么意义?"意责彼十地犹有求于出世间",普贤菩萨告诉我们,十地以前的菩萨,没有到达大彻大悟成佛的境界,心中还有所求、有所差别。求什么? 出世间才是佛法,还有世间、出世间、生灭、生死不同的分别;实际上出世入世、生与死一样,涅槃与生死,平等平等。十地菩萨还有求于出世间生死的缺失,未能得到平等境界,于十方任用自在。

大菩萨境界无所谓入世、出世,不出也不入叫"平等境界"。如果还有出世与入世的差别,即非平等境界,佛学名词叫"非平等的智量",还没到平等智,还在差别心中。到达智慧平等无差别时,则"于十方任用自在",天上人间、六道轮回任意寄居,所以地藏王菩萨可以在地狱中度众生;提婆达多可以在地狱中受三禅天之乐,大菩萨是这个境界的。

菩萨的洁癖

"以此如来教令却生想念,去彼十地中染习出世净心故。"

所以普眼菩萨看不见普贤菩萨在那里，佛告诉他错了！偏向于清净中去找普贤菩萨，找不到的。既然叫普贤，即无所不在，净土中有，秽土中也有，善法中有他，恶法中他更在度人；他是乘大愿的，如同大象一样，任重道远。

"**以此如来教令却生想念**"，你不要偏于空，偏于空找不到，你在念头起处去找，就找到普贤了。念头起处一切皆是幻有，也是妙有。那么，偏于空还是十地以前的境界，由真空起妙有，由法空起缘起的时候，才超出了十地。

十地菩萨的习气被什么所染污？被清净心所染污、被出世的思想所染污。大菩萨如果偏向于清净、便被清净的观念困住了，永远达不到究竟，你只能做肥皂，不能做墨汁，那有什么用！水可以做清洁剂，也可以做墨汁，它无定性，那就是平等。所以说"**去彼十地中习染出世净心故**"。

"**此明十地缘真俗出世余习气惑故。**"

永明寿禅师很细心地为我们引用《华严论》原文，使我们很快了解《华严论》这一段的境界是什么。这乃为了叫我们明白十地菩萨的心，还有真与俗、世间与出世间的习想惑业未尽，必须出世入世、出家在家、清净与不清净的烦恼没有了，连最后剩余这一点习气的力量都拿掉了，非常自在，可以出世也可以入世，即出世即入世，无所谓出入，这样才合乎真正的大乘佛法。

"**已上意明治十地菩萨，缘真俗二习未亡，寂乱二习未尽，于诸三昧有出入习故，未得常入生死，犹如虚空无作者。**"

永明寿禅师引用《华严论》这一段的原意，是叫我们明白"治十地菩萨缘真俗二习未亡"，治即修治、修行，十地以前的菩萨还有在家出家、入世出世的观念，这个要修治了。难怪平常有些人有这个观念，不怪他，因为他不到家，不到家需有这个清净的方便，到家以后，则"道"无所谓出入。"寂乱二习未尽"，十地菩萨以前的境界，还有贪图清净、怕乱的习气存在，清净地方莲花稳坐，把莲花抬到菜市场闹乱的地方他就完了，莲花变成藕，花瓣一瓣一瓣掉下来。

"于诸三昧有出入习故"，十地菩萨境界还有出定入定的观念在，打起坐来入定很舒服，放了脚好讨厌，又来捣乱，余习未断。

不见世间过 多逢菩萨来

"未得常入生死，犹如虚空无作者"，因此，十地以前的菩萨不敢在生死轮回中翻翻滚滚，你叫他涅槃了再来变人，于苦难的世界中度众生。"对不起！等到下次太平了再来。"太平众生好做，苦难中日子难过，除了超十地菩萨尽一切愿力，最苦难的地方他都来了。你说没有看到，如果有人告诉你："我是菩萨"，那他非菩萨，菩萨何必要你知道！

我经常看到世上很多都是菩萨再来，但是却不一定讲一句佛话，很多是再来人也。越是多灾多难的地方，菩萨心肠的人越多，你不要看他只有一点行为、一点好事，这就是菩萨境界。菩萨并没有什么稀奇，你不要以为骑在狮子大象上坐朵莲花就是菩萨，那有时变成马戏团的表演了。菩萨就在人世间，就在苦难中间，到处都有，你慢慢去找，你看每一个人都是菩萨，你就变菩萨了，很简单，普贤就是这么贤、这么现。

如果你觉得这个人不对、不懂道、不学佛，不是菩萨；这个人吃荤不是菩萨，你就变成"萨菩"了。你看每个人都有一点长处，忘记了他的缺点，只看到这一点就是菩萨的长处。世界上遍满菩萨，众生心理就太平了！学佛的人应该学这个心境，学这个行为。

可惜一般学佛的人，专门拿一把圣贤的尺放在手中，看到人就量，某个人这里不对，那里不好，差一点、太长了，都不是。最后量量自己，长也不够长，短也不够短，那就糟了！千万要学普贤菩萨的行，看一切世界众生个个是佛，个个是菩萨。这就是儒家"恭敬"的道理，能够敬一切人，自己才能够达到至真至正的境界，也就是佛法普贤的道理。

238

虚空下雨不曾湿

十地菩萨没有到达普贤的境界，"**故未得常入生死，犹如虚空无作者**"，这句话是讲普贤菩萨境界像虚空一样，做了等于没有做。昨天下雨、今天晴，下雨并没有把虚空打湿；晴天时也没有把虚空晒干，它永远是虚空。明天台风来也没有把虚空吹跑；后天台风过后，它也没有觉得台风很讨厌，它总是那个样子。修行心如虚空，一切所作，作无所作，过去了就不留。那么，当起用、起有的时候皆是幻有，幻有本来无住，一定要成为过去。

譬如读《老子》就晓得"飘风不终朝，骤雨不终日"，最强烈的台风中心不到一天过了；夏天的大雷雨最多下一、二个时辰。同样的道理，一切境界是无住的，很快过去，虚空还是虚空。不管是飘风还是骤雨，是它妙有的作用，你不要认为这个是坏现象！偏于空的人，把"起有"当作是坏境界，菩萨境界"缘起一定性空、性空知道缘起"，不即不离。

众生体是佛体

"**而常普遍，非限量所收。一切众生及以境界，以之为体。**"

了解这些道理，晓得普贤菩萨境界、自己自性境界无所不存在，不是我们知识的限量所能达得到，因为知识限量是妄念境界；放弃妄念境界，你一体会它就到了！一切众生以及一切境界，都是以普贤这个本性为体，普贤代表无所不在。

"普贤之智，犹如虚空。"

普贤的智慧犹如虚空。

"一切众生以为生体。"

一切众生依什么为生？依虚空般的普贤而生。

"有诸众生，自迷智者，名为无明。"

一切众生自己迷掉了，不是别人把你迷掉，是自己迷失，迷掉的境界名叫"无明"。

普贤早现你我心中

"普贤菩萨随彼迷事，十方世界对现色身。以智无体，犹如虚空，非造作性；无有去来，非生非灭；但以等虚空之智海，于一切众生处启迷。智无体相，能随等法界虚空界之大用故。"

所谓普贤菩萨就是这个作用，众生的迷是自己迷，普贤菩萨就在众生迷的当中点醒你，他就在十方世界中对着你显现。"*以智无体*"，智慧是什么东西？智慧不是什么东西！智慧无体，你明白了本来是虚空就是智慧的体，这体"*非造作性*"，不是你们打坐修来的，是本来有的，也无去也无来，不生也不灭，你只要心量放大，普贤菩萨正"*以等虚空之智海*"，在你迷处启发你，也就是你自己心里迷掉的地方你观照看看，无所谓迷，也所谓悟。智慧无体相，大家求智慧，什么是智慧？"空"就是真的智慧，智无体也无相。一切相、一切用就是它的体，这个体在哪里见？就在一切相、一切用上见，见普贤菩萨。

　　　　"*岂将十地之位诸菩萨，以出入三昧有所推求，云何得见？*"

　　一切不及普贤菩萨程度的，总拿一个有所得的心，去推测普贤菩萨的境界，他哪里见得到！

　　讲了半天"普贤"，由菩萨名词了解到什么？大家自己可以体会。"贤"就是现出来，现成在我们心中，你自己找一下就找到普贤的境界了。

第三十九讲
了无寄处堪大用

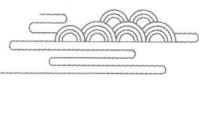

幻心与幻境

> "是故如来为诸菩萨说，幻术文字，求其体相，有可得不？求幻之心尚不可得，如何有彼幻相可求？"

世间事物就是那么在变化，这一切都属于幻术的境界，所以佛告诉诸菩萨说幻相不可求。幻术的范围包括很广，文字也是不可靠的。文字是代表人类思想、情感的符号。拿中文来说，几千年来到现在，文字衍变已有六、七种体裁，将来是不是再有变化还不知道。人类的各种文字语言的变化都是如此。所以佛说，你要求幻术文字固定的体型是做不到的。这就说明世界上万事万物没有一样是固定不变的。这个地球、山河大地随时在变化中。

那么，我们回转来看看，佛法在哪里呢？我们要研究这一切幻相不可得，怎么了解幻与不幻？从我们的思想、我们的心，回转来再找自己了解宇宙万物幻与不幻这个心。"求幻之心尚不可得，如何有彼幻相可求"，连我们这个思想靠不靠得住都还是问题，昨天想过、做过的事，今天那个能够想的早已无这影像，凡此不可得、留不住，所以叫"妄想"。

苏东坡学禅以后作了一首有名的诗，说道："事如春梦了无痕。"人世间的事就像做梦一样，梦醒后，回想梦境一点痕迹都没有。你说再睡一觉重新做梦，绝对不会一样，即使连起来做也不一样。为什么要用"春梦"来形容世事如幻呢？因为春天人多舒服爱睡觉，睡多梦多；夏天晚上不大睡得着，睡着了也快天亮来不及做梦了，所以春天梦特别多。

"求幻之心尚不可得，如何有彼幻相可求"，这句话叫我们认识清楚，现实世界一切现象都是幻，而且没有现象可以永远停留。人生来就有老，老了就过去，过去就没有了！后面的不断生来、不断过去，就是那么在变。

个中三昧谁识得

"是故将出入三昧，及以求心，而求普贤大用无依，善巧智身，了无可得。"

这是大菩萨境界，不是小乘境界。"将出入三昧"，在定境中，定的境界很多，中文翻译叫定；梵文结合意译、音译而翻成"三昧"，"三"不是数目字，是梵文原音，"阿耨多罗三藐三菩提"，当时梵文的"三"字，等于中文恭敬的"敬"。"三昧"取音也取义，一般解释为"正受"，与现在我们所了解入定的"定"有差别。严格的差别是：小乘的境界叫做定；大乘境界无所谓定不定，范围大、力量大、作用大叫三昧、正受。三昧不一定在打坐时才有，行住坐卧随时都在大定的境界中。大定的境界有多少种呢？八万四千种三昧。

譬如中国文化讲绘画，经常可以看到有些画得非常好，便说此人已进入绘画三昧；文学好的，是文字三昧；武功高的进入武功三昧；插花好的，也有插花三昧，都用得通。换句话说，三昧有它的境界。

但是一般学佛的人，是"将出入三昧，及以求心，而求普贤大用"，两腿一盘打坐，以为修定叫三昧，然后希望自己求到定，求定中能见到菩萨。"将"是拿，拿自己出定入定求三昧的心，乃至在定的境界中，以有所求的心，求无所得的果，根本上就错了！我们学佛要注意！这就是所谓如何才是普贤见地的问题。学佛做功夫、求证，下手见地一错误，就彻头彻尾的错了！

《楞严经》说："因地不真，果招迂曲。"请大家特别注意这句话！要求佛法明心见性"见"的境界，不要"将出入三昧，及以求心"求见菩萨。明心见性本来是空的境界，以有所求的心去见，如何见得到？这点请大家不要忘了！

大机大用最善巧

244

"大用无依，善巧智身"，这是《华严论》所用的名称，普通佛学很少用到。这是大菩萨境界，非常难！"大用"，全体的大机大用，可以出世也可以入世；可以成佛也可以成魔，乃至佛与魔都不能到达的境界叫大用。所以，真正得道、悟道、成佛，应起大机大用。不起用，那不是佛法，不过也可以叫佛法，是小乘佛法，小乘中的小乘。真的大乘佛法，起大机大用，可出可入，可不出可不入，才是完全，它不偏于一点。大乘菩萨见道时，入世而救人，大用但无所依、无所求。有所依、有所求则落在一个境界，在一个方式、角度上，那已经错误了！所以说"大用无依"。

何以人能够修养到那么高深的成就，可以入世可以出世？在出世入世之间，心已经出世了，在魔境中却已经成佛了！这个靠什么呢？"善巧智"，靠他的机变、善巧，非常灵光、非常活泼、聪明的智慧。智慧所得的另外一个身体不是这个肉体了，那个身体是智慧的身体，永远不死，叫"善巧智身"。不生不灭永远无生无灭，乃至像阿弥陀佛一样无量寿光之身，是善巧智身。讲到这一方面，佛学在这里便比较专门、深入了！因此《华严论》是最大、最深的经典。

所以他说，一般人学佛，"将出入三昧，及以求心，而求普贤大用无依，善巧智身"，错了！那么，应该以什么求呢？"了无可得"，然后悟道。真正明心见性悟到什么？悟到"本来无一物，何处惹尘埃"，就可达到"了无可得"的境界。这里的"了"字很妙，作何解释？我只能说"了"就是"了"，无法解释，再作解释就错了！了无可得就是了无可得，十方八面都完了。"了了"不是没有，而是充满、实在了，"了无可得"是证道的境界。

一念普贤现全身

"是故教诸菩萨，却生想念，殷勤三礼。普贤菩萨方以神通力，如应现身。"

那么，《华严论》描写智慧善巧智身，本来了无可得，为什么佛在《华严论》上说，用空念一边去找普贤找不到的，这个道理是什么呢？譬如到空的房间找空，怎么找得到？等于盐溶于水，如何在盐水中找出一粒盐巴？它无处不是，"普现"嘛！所以你在空境界中，念头一切空，了无可得，找什么普贤？你就是普贤嘛！

佛说那只有在空的境界反过来，一念"却生想念"，当时佛那么讲了以后，有些人了解了，在空中，性空起缘起，一念之有，立刻见到普贤菩萨，就是这个道理、这个比喻。"是故教诸菩萨，却生想念"，你要找普贤，这样找不到，"普贤"嘛！它普遍存在。等于在空的房间要找一个空来看看，空中找空，那你不是见鬼了！在这里头要以有念去看，在空房间中要怎么看到房间空的样子？你只有这样看，把空里头做个有，实际上这个空就是那个空的有。

所以佛告诉我们"却生想念"，然后还要"殷勤三礼"，至诚恳切的磕头恳求。普贤菩萨这个时候方以他神通的力量"如应现身"，你有所求，他有感应，如插头一样，一插上电灯就发亮。"如应"，有所感应，交感现身。佛当时那么说，经典那么记载，佛告诉弟子，要见普贤菩萨很简单，放空了！根本不要见，你都在他的境界中；你要起"有"念，殷勤祈请，一念专精，普贤就现身了。

那么，当时佛讲了这么一个故事，作了这样一个表演，这个道理在讲什么呢？

无依无寄智慧生

246

"明智身不可以三昧处所求，为智体无所住，无所依故。"

此即说明我们智慧之身"不可以三昧处所求"，哪一种三昧不管，三昧已经在正受、在某一个境界上，再起心动念求另外一个东西，那就有差别而找不到了。所以，智慧，尤其智慧之身，不可以用哪个三昧去求，也不可以空间、方位来找的。注意智慧之身！所谓修成功，学佛悟道或明心见性，就是明那个"智身"，此"身"不是指这个肉体，而是不生不灭的智身。

"为智体无所住，无所依故"，智慧本身的体性，本来是无所住、无所依止于什么境界的。

"若想念愿乐即如应，现化无有处所依止。故犹如谷响，但有应物之音。"

正因为智体无所住、无所依止于什么处所或境界，所以"若想念愿乐"，即如之相应，"犹如谷响"。就像有这样一个山洞，站在洞口叫，四面八方就有回音。以物理作用来看，这种山洞是不能进去的。有些人以为有妖怪，其实不是，因为这种山洞空气不对流，声音在洞中回旋，人进入之后，久无空气即窒息死亡。所以说，那谷响是本来没有声音，而是虚假之音回转而来。

等于在一个有回音的山谷喊叫"喔……"，整个山谷都听到喔……的声音，好像很多人在叫，不懂道理的会被吓死。现在都市中的高楼大厦、公寓住宅，也经常会听到四面传来的回音有如谷响，胆子小的会被吓坏。科学时代不要自己再搞鬼，一切事情不要怕，一探求都有道理，把道理找出来，什么都没有。

"但有应物之音"，谷响当然表示有感应，有一个声音，经空气波动回转来发出同样的声音，这叫回应。

"若有求，即无有处所可得。"

"若有求"，那么你去找这个声音，一听回音，好像四面八方到处有人，但一找连个影子都找不到。

"即无有处所可得"，本来没有个东西，你找个什么找呢？同样的，我们学佛要了解佛经这些地方都是实际的，不要以为只听听道理就可以，这些道理就是要你做功夫，就是要你自己求证、明心见性。

同样的，我们自己的思想、妄想、烦恼等心念也是这样，本来就没有，都是依他起，绝对没有。有些同学问："夜里在山上打坐很清净，也没有别人来惹我们生气，有时候也会烦躁起来，这是什么道理？"这有道理的，这个时候你就要检查你生理上有什么变化；或者肠胃不舒服，或风寒感冒，同样也会引起你心理上的烦恼，绝非偶然，只是大家智慧低，自己检查不出来。

若以为住在山上茅篷没人惹却生起烦恼，大概是魔鬼；这一怀疑，魔鬼来了，因为你本身就是魔王，带领小魔鬼来了！这叫"疑心生暗鬼"，感应的道理就是这样。你要晓得，一切心念与一切声音、颜色，"若有求，即无有处所可得"，你真找它，那个根，根本是无根的。所以大家打坐想去妄念，你看多冤枉，妄念自体本空，结果吃饱了坐在那里打坐去妄念，你说他是不是闲着没事找事，本来很清净，偏要找个不清净。所以，此理不通，用功修行就走冤枉路，千生万劫就那么冤枉下去。

与佛同在

> "佛言'普贤菩萨今现在此道场众会，亲近我住，初无动移'者，明以根本智，性自无依，名为现在此道场故，为能治有所得诸见蕴故。"

佛经上说，你们要到哪里找普贤？大家用神通、用智慧到处找普贤，像捉迷藏一样。佛说你找不到的，你要找他，起心动念一念就出来了。佛说我告诉你们，普贤现在就在这里啊！就在这个道场，而且"亲近我住"，就坐在我旁边，你们没有看到。大家一定说普贤菩萨用隐身法，没有这回事。佛说普贤就坐在我旁边，大家看到释迦牟尼佛，没有看到普贤坐在那里。

"初无动移者"，他根本动都没动过，开始就坐在我旁边，但是我们找不到他。这不是跟小说一样？所以我说，如果懂了，看佛经就像看小说一样，很妙的！这个道理说明什么呢？

"明以根本智，性自无依，名为现在此道场故，为能治有所得诸见蕴故"，佛为什么这样说呢？就是告诉你，普贤普遍存在，无所不在，是在我们这里。所以佛说"亲近我住"，这个"我住"代表每一个人的我，当你动念要求佛时，佛就在；当你动念求菩萨，菩萨就在；当你起一念善心时，善就在；当你起一念恶心时，恶就在，到哪里去另外找一个善恶？善恶就是一念，就在这里，就在这个身边，非常清净，根本没有动过。佛说这些在说明什么？明心见性得道的那个根本智，一切众生，任何一个人，天生下来，只要你生命存在就有这个智慧。

你说没有念过书不懂，但念书以后是不是懂了很多事？在座有许多青年六岁开始读小学，到大学毕业二十几岁，你回想看看，是不是比六岁的时候聪明得多？知识多得多？乃至现在到了中年，觉得肚子里学问一大堆？回想一下，你一点学问都没有，还是同小的时候一样。那么，这几十年教育受了什么？只是知识上多一点，晓得这是书本，那叫什么表。然而你那个能懂事的那一点作用还是一样，没有变动。而且读了几十年书，现在这些书到哪里去了？了不可得，影子都找不到。

"性自无依"，就是成佛的根本智，自性根本是无依的，不依傍书本，也不依傍任何东西，而无所依的它永远存在。所以佛说，普贤菩萨永远就在这个道场。道场是佛经名词，拿普通言语说：就在这个地方。

"这个地方"就是道场

讲到这里，我要提醒大家注意，尤其青年同学将来出国留学，要留意"道场"的翻译。十几年前，有一位在国外的教授翻译佛教的书，尤其禅宗的书，那痛苦得很！在外国当教授，比在中国还要痛苦，两三年没有新的论文提出来，就被认为没有进步，那就没饭吃了！所以拼命写论文。他出国几十年，年纪又大，时下流行禅宗，他就跑到日本学禅宗。写论文必须翻译，也不知道翻译得对不对，怎么办呢？东找西找，后来有一位教授告诉他写信到台湾跟我连络。他来信恳求，并连同中英文禅宗语录手稿也一起寄过来。我一看火大了，你这位老兄在那里当教授，竟然拿这么大叠稿子要我修改，我还要请几位秘书帮忙，我帮你修改好了，你去吃饭，我在这里喝稀饭、吃西北风？这怎么办？最后还是可怜他。

恰好一位六七十岁的老同学，他是老牌留学生，我们两人就帮帮他的忙。那位老同学一打开稿子，气死了，他说不能改，你看他把"道场"翻成什么？翻成死人的坟墓，这怎么能当教授！我说真翻错了，我们把它改过来就是了，不要生气。我是完全懂得他为什么这样翻译的。算算看，他到美国三十几年，在大陆当年哪里晓得学佛，那时学佛学禅宗是落伍，被人看不起的，哪里晓得现在变成时髦！当时的大陆，人死了，家里人找和尚到坟上念经，就说"走道场"。所以，他一看"道场"就把它翻成坟堆一点也没错，因为他的知识只有这样的范围。

"道场"是佛学名词，譬如我们在这里讲佛经，这里就叫道场；如果在这里打坐、念经、修道，这地方也叫道场。那么，推开佛学"道场"二字的观念，用普通话讲就是"这个地方"，那就懂了。

"名为现在此道场故"，你们要找普贤，普贤在哪里？佛说普贤永远在这个地方，当然不是在我这个地方，在你们大家那个地方。这里也可以，那里也可以，没得地方的那个地方。你说在脑子里，如果脑子开刀，那普贤菩萨岂不被刀割跑了！就是"这个地方"，这个地方就是中国人说的"这个东西"，"东西"既不是东也不是西，就是那个东西，普贤就在这里。

"为能治有所得诸见蕴故"，这是为了对治、医治你看有这个，看有那个的毛病。一般人学佛都拿一个有所得之心求一个东西，譬如买三根香蕉或三支香到庙子上拜佛，都是想有所求，希望佛保佑我这样、保佑我那样。或者不求保佑，但求佛加持，一定要明心见性，这一些都是有所求的心。因此，"为能治有所得诸见蕴故"，"见"就是观念，要把这个"有所得"的种种观念拿开，才能了解普贤菩萨无所在、无所不在。

智慧的功用

"以无碍总别同异普光明智，与十方一切诸佛大用体同。"

要进入一种什么智慧呢？一切无障碍，无所谓出世，无所谓入世；无所谓出家，无所谓在家；甚至无所谓不生不灭、不垢不净、不增不减，这就是无碍了！"无碍总别"，"总"是笼总、归纳；"别"是差别、分析。"不生不灭"是笼总；"生灭"是差别；"不垢不净"是笼总；"垢净"是差别。真正悟道的智慧以"无碍总别同异"，也不分同，也不分异而为"普光明智"，普遍光明的大智慧，这就叫成佛、明心见性。在《华严经》也不叫明心见性，它称之为"无碍总别同异普光明智"。了解了以后，你就是佛，同过去佛、现在佛、未来佛、十方一切诸佛的智慧相等，诸佛的大机大用功能之体是相同的。

"名为众会故，无边差别智海，一时等用。"

这种智慧，不是普通大学某一个科系或拿到某一个学位的智慧，拿到某个学位是专门，专门是它的别；渊博是它的总。这个智慧不是世间的智慧。"名为众会"，一切融会贯通了，叫"无边差别智海"，没有边际，无量无边的，包括一切差别的智慧，统统明白了而能起用。"一时等用"所谓一了百了，一悟千悟，统统明白了。

眼睛长错位置的人

"不移根本智体无依住智，名为亲近我住初无移故。"

佛为什么说普贤菩萨就在我身边，你们没有看到？这即在说明"不移根本智体"，任何一个人本身的清净随时呈现，譬如大家打坐找清净境界，每一个人，每一天、每一分、每一秒、每一时刻，随时呈现清净境界，只是你自己没有看自己，这种事很可怜！所以禅宗修行要悟自己"本来面目"，本来面目清净无碍，从来没跑掉。

昨天晚上我看了一本书，有一个人埋怨上帝、埋怨女娲，把人的两只眼睛长错了，眼睛长在人的脸上，看别人看得很清楚，却看不见自己。如果一只眼睛长在脸上看别人；一只长在手上看自己，那就好，人就没有错了！这个人埋怨上帝埋怨得非常好。我们之所以如此，看不见自己的根本智，大概也是眼睛长错了地方的关系！

其实，自己的根本智永远在这里，所以佛说它本来"亲近我住"，自己的就在我这里。"初无移故"，从出生到现在、到死亡，没有变动过，它永远跟着你，只是我们自己没有看见。

四十三卷结束，接着四十四卷是讲见道的真理，我们给它一个小标题叫："依教明宗"，依照经教，明白明心见性、顿悟成佛的宗旨。

宗教之辨

> 夫若谈心佛，唯唱性宗者，则举一摄诸，不论余义；今何背己，述教迷宗？
>
> 答：夫论至教，皆为未了之人，从上禀承，无不指示。

假定有人向永明寿禅师提出问题：你是学禅宗出身，禅宗"唯唱性宗"，即心即佛，见性就可以成佛。"举一摄诸"，你只要拿这个道理就包括一切佛法、一切世间出世间的学问，"不论余义"，用不着再讲文字、讲经典。"今何背己，述教迷宗"，你又为什么要违背自己的宗旨，专把《华严经》、佛其他的经论搬出来讲？你这么做不是讲教、讲经吗？这岂不迷失了禅宗直指人心、见性成佛的宗旨吗？

永明寿禅师就作了以下的答复。如果要谈论"至教"，"至"是到了极点，佛法到了极点、最高处，不但不需要文字语言，连表示都不要表示，所谓"言语道断，心行处灭"。再说佛告诉我们，众生本来是佛，个个是佛，何必还要另外去找？这一句话就到了，一切众生本来是佛，这是佛说的，我们信不信得过？我是不是佛？你是不是佛？不敢当，绝不是。那么你为什么信不过？问题在我们自己，不在佛。

所以说"夫论至教，皆为未了之人"，对不起！我们都没有到家，你我皆是未了之人，没有解脱。这个"了"字用得好，了了就好了，好了就了了。所以他说佛法有至高无上的教理，你我皆为未了之人。"从上禀承，无不指示"，从历代祖师的传承都为我们指示得很清楚。接着他又举例：

国师的遗嘱

　　如忠国师临终之时，学人乞师一言。师云："教有明文，依而行之即无累矣，吾何言哉！"如斯殷勤真实付属，岂局己见，生上慢心？

南阳忠国师是永明寿禅师的师祖，师父的师父再推上去，禅宗大师，唐代国师，皇帝都皈依他学禅。忠国师在临终涅槃时，学生跪下来要求师父再讲一点；他讲了几十年，人家还要他讲。忠国师说："教有明文，依而行之即无累矣。"你们还叫我讲什么呢？三藏十二部都说得明明白白，你们只要依照经教的话，确实去修行，绝对不会有拖累。

"吾何言哉"，还要我多说干什么？我说得再好，也没有佛经说得清楚。

"如斯殷勤真实付属"，你们听听，南阳忠国师不是禅宗吗？禅宗不是不讲文字吗？他最后临涅槃时吩咐学生们好好研究佛的经教，他恳切老实地那么教我们。"岂局己见"，你们为什么要有门户之见？一定认为禅宗不要文字！被自己一点主观的成见捆得紧紧的。"生上慢心"，看不起经教、学问，这在佛学上就犯了"增上慢"。人天生都有我慢，我慢就是每个人都觉得自己了不起。最差、最没出息的人，甚至连一个白痴都会觉得自己了不起，白痴受人欺负也会瞪眼。学问好的人就容易"增上慢"，佛学通，打坐坐得好，看人家没有功夫，更觉得自己了不起。人有增上慢，多学一点就多一分增上慢，多一分增上慢就多一分堕落，所以越向上走往往堕落得越深。

第四十讲
只眼胜千日

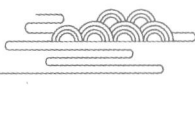

依文字解　离文字悟

父母所生眼

看那摩尼殿的飞檐一角

只眼胜千日

明暗输灵光

父与子

外在内

就是你这个！

依文字解　离文字悟

终不妄斥如来无上甘露、不可思议大悲所熏、金口所宣、难思圣教。

像南阳忠国师这样，绝对不困在个人成见中而生增上慢心，所以他始终不会说不需要看经教，也绝不认为妄用一个方法瞎用心就可以，因为佛说的这些经典，是无上甘露不可思议，从佛的大悲心所说出来的。

如云"依而行之"者，且依何旨趣？不可是依文字语句而行，不可是依义路道理而行。

他引用南阳忠国师的话："依而行之"，也就是佛经最后一句话："依教奉行"四个字。怎么叫依？依何旨趣？不论《金刚经》等任何一本佛经，最后都叫你"依教奉行"。依何旨趣？不可依文字语言而行，死死抓住文字文句，呆板地去做，那根本就不懂佛学佛法。也不可以依义路道理而行，把佛法的道理变成佛学了，等于禅宗本来不需要文字语言，现在禅变成禅学，那就是"依义路道理而行"，而不是"依教奉行"。如何是"依教奉行"呢？

直须亲悟其宗，不可辄生孟浪。

必须把宗教融会贯通，然后丢开宗教。把佛学讲的道理、要旨抓住，等于吃饭一样，饭菜进入胃消化以后，不是菜也不是饭，而变成生命的力量。如果到了胃以后，菜仍是菜、饭仍是饭，那就消化不良。读书、读经的道理也是一样。"不可辄生孟浪"，孟浪是现代话：随便、冒失的意思。

> 若决定信入者，了了自知，何须他说？闻甚深法，如清风届耳。

假使把经典读通悟了道，能真正信得过，此信不是迷信，把道理融会贯通信得过。"了了自知"，心里清清楚楚、明明白白，何必到法师、老师、居士那里听经，自己已经悟道了嘛！即使再听别人讲经，就像风吹过耳朵一样，对与不对，自己很清楚。如果你们真的了了的话，当然不需要看经教。

> 今只为昧性徇文之者，假以言诠，方便开示。

现在我著这本书，集中网罗了所有佛经的精华，"只为昧性徇文者"，"昧性"：没有明心见性，本身还在迷暗中；"徇文"：研究经典变成佛学，依文而解，逼不得已才"假以言诠"，再用文字把它写出来，诠就是解释，方便开示大家。方便开示大家什么？

> 直指出六根，现用常住，无生灭性，与佛无异；亲证现知，
> 分明无惑。

他说这是直指人心、见性成佛的一种方法，我直指出来。大家离开眼、耳、鼻、舌、身、意六根生理、心理的作用，我们本有一个不生不灭的常住真心，你明白了这个东西，"与佛无异"，我们本来就是佛。这些不是讲道理，要"亲证现知，分明无惑"，要亲自证验到这个

境界。"现知"当下很明显地呈现摆在那里，"分明无惑"，要明明白白了解，一点也没有疑惑之处。

> 免随言语之所转，不逐境界之所流。

又是一副好文字、好对子。通过经典的文字真悟了道，不跟着别人言语文字而转变，也不追逐一切外境而流转。

父母所生眼

> 今于六根之中，且指见闻二性，最为显现，可验初心，疾入圆通，同归宗镜。

那么，他现在又要引用经典了。他说，就在我们现有生命，这个身体的眼睛、耳朵、鼻子、嘴巴、身体、思想的六个作用上，拿出"见闻二性"，眼睛看得见的"见性"、耳朵听得见的"闻性"，是最明显的。"可验初心"，可以测验自己，最初学佛的心能不能明心见性？他说不要轻视这一点，懂得了这道理，"疾入圆通，同归宗镜"，很快就能进入佛法圆融自在的境界，最后归到"宗镜"。这本书叫《宗镜录》，禅宗明心见性的宗旨，像镜子那么明白。这一段是讲经教的重要。接着他引用《楞严经》讲明心见性的道理。

> 且见性者，当见之时，即是自性，以性遍一切处故。不可以性，更见于性；分明显露，丝毫不隐。

要如何明心见性呢？

永明寿禅师先给"见性"下个定义，这个定义下得非常好！什么叫"见性"？

"当见之时，即是自性"，当我们眼睛看到东西的时候，这个作用就是见了，譬如见到茶杯，晓得这是茶杯，那个能够起作用，了了分明的，就是自性的功能。所以"当见之时，即是自性"，为什么呢？

"以性遍一切处故"，心性的本体无所不在，普贤普现嘛！到处在。眼睛见到茶杯时，你的见性就在茶杯上；眼睛看到黑板时，见性就在黑板。那么眼睛不看的时候呢？

就在那个不看的上面。开眼看到一切，就在开眼所见的一切上；闭眼看不见，其实没有看不见，闭眼就在那个看不见上。他说"见性"本来就在这里，"当见之时，即是自性，以性遍一切处故"。

"不可以性，更见于性"睁开眼睛就看见；闭着眼睛看见没有？看见了，看见一个看不见的状况。然而你会问："当我睡着了，闭着眼睛，那连看不见的也没有了，见性到哪里去了？""睡着了！睡着不是没有了！当你睡醒又看见了。"今天的看见，跟明天、后天的看见是一样的。

当我们五、六岁，眼睛好的时候的看见，与现在老花眼、近视眼的看见是一样的，"见相"不同而已。近视眼没有眼镜看见什么？看见模模糊糊。看见模模糊糊是相，看得清清楚楚也是相，与那个能见之性没有关系。这个道理先要搞清楚，所以"不可以性，更见于性"，当你眼睛有个见性就在了嘛！你不能说，再见一个见性。有些做功夫的睁开眼睛，干什么？修道耶！修眼通。你不要眼睛看出毛病，那就不通了！以见性更求一个见性就错了！所以，见性的作用是"分明显露，丝毫不隐"。

开眼就看见，闭眼看见看不见的，佛在《楞严经》上也教人做过实验，佛经是非常科学的。什么叫讲经？根据佛经的文字作解释叫讲经，佛当时叫"说法"，说法就是对话，对话就是临场表演。佛问大家："你见性在哪里？你闭着眼睛看见没有？没有看见，你错了；看见了，看见什么？"看见一个看不见的，闭眼见暗，也是看见了。看不见的名称用文字表达只好用"暗"字。

佛问你开眼看见什么？看见明，一切都了解。闭眼看见什么？看见暗，看不见。开眼看见明，闭眼看见暗，明暗的现象有变动，你"能见明、见暗的"没有动过。佛在《楞严经》上表达得很清楚，我们自己可以做实验。开眼见明，闭眼见暗，再开眼又见明，再闭眼又见暗。明来见明，暗来见暗，明暗有变化，这个见性没有动过，你还去找个什么东西？佛用眼睛来做分析，非常清楚。等于我们的思想，思想动晓得动，清净晓得清净；你那个动与清净有变动，你那个知道思想乱与不乱的那个知道没有变动过，你还要找个什么？那不是吃饱了饭没事做？《楞严经》就有那么科学。

看那摩尼殿的飞檐一角

古教云："摩尼殿有四角，一角常露。"

摩尼是梵文音译，形容无价之宝。一颗无价宝珠摆在中间，人站在四面八方看，每个人看到的光色都不同，因为你的立场不同、角度不同，反映的光色就不同，颜色也不同。就像一般人看佛的舍利子。

不知道诸位有没有看过真正释迦牟尼佛的舍利子，不是后世所泛称的。那说也奇怪！真的佛的舍利子，一千个人看，一千个人看到的颜色不同。拿佛法来解释，每个人的业不同，舍利子反映的颜色也不同。拿科学来解释，每个人的健康、视力或脑力不同，反映的光也不同。等于我们看某一样东西，色盲、近视眼、老花眼所看各有不同，岂止舍利子与摩尼珠！任何一样东西都如此。他说，古代经教祖师说，摩尼珠建的殿有四个角，有一个常暴露在外让人看到。

祖师云：“眼门放光，照破山河大地。”

261

摩尼珠，是一个无价的宝珠，本来是圆的，十方八面都看得见。这颗珠四面八方放光，但是，只露出一个角，只有一面放光给你看。

这比方什么？我们的眼睛。我们的本性在我们身体内部，等于无价之宝摩尼珠，然而被困住了，只开两个洞。其实等我们功夫修到了，明心见性，不用肉眼的话，十方八面上下都看见了。我们本来就有这个功能。那么，现在大家为什么没有现出这个功能呢？

譬如大家打坐闭起眼睛，始终忘不了前面这双眼睛对不对？在座作功夫的很多，坐在那里始终看到这两个洞，此即不懂道理，你被那两个洞困住干什么？后面可以看，前面、上面、下面都可以看，我们可怜习惯了，天眼通被障住了！如果真晓得自己能放光动地、无所不照，为什么要被这两只眼睛控制？这两只眼睛老花，死后变成灰，你把它当成宝贝干嘛？这就是众生的可怜，认错了自己的东西。

所以说，摩尼殿有四角，无所不照的，只有一个角露在外在给你看。“眼门放光，照破山河大地”，虽然只有这一角也够用了，整个宇宙看得清清楚楚，不过可怜一点，像照相机一样，只对着一面。眼睛也可怜，只看到四分之一。有些人视力好一点，看到的范围比较大；视力差一点的，所见范围也就较小。

只眼胜千日

又歌云：“应眼时，若千日，万像不能逃影质；凡夫只是未曾观，何得自轻而退屈？"

这首禅宗祖师的歌，"*应眼时，若千日*"，当眼睛看东西时，放光的作用，眼睛的功能同一千个太阳的功能一样。站在高楼上看台北市有多少灯？何止万盏灯光一览无遗，但你不能加上障碍；如果要数数看有多少灯，那就看不见了，就是这个道理。所以说"*应眼时，若千日，万像不能逃影质*"，此心不动，眼睛一望，森罗万象，所有影像像照相机反影一样，都过来了。

"*凡夫只是未曾观*"，一切凡夫没有回转来找自己能看的功能。能见的功能，他找不出来。

"*何得自轻而退屈*"，因此才自己看轻，认为自己不是佛。佛经上说，佛眼看三千大千世界，如看掌中庵摩罗果，越想佛越伟大。我们站在中山北路圆山旋转厅看台北市，也有看掌中庵摩罗果的味道。虽然不是大佛，弄个小佛当一当也不错！为什么不成佛？算算前面有几盏灯？糟了！站在这里一眼看过去清清楚楚，如果算算有几个人？完了！只看到一个，跟只看到一盏灯同一道理。所以讲见性的道理，非常奥妙，要去体会。

明暗输灵光

是知颜貌虽童耋，见性未曾亏。

以眼睛看见东西的功能来讲，有青年、中年、老年的差别，但能见之性并没有亏损。老了戴老花眼镜模模糊糊，不要认为模模糊糊，那也是看，功能并没有退失。为什么会模糊？因为用的工具损坏衰老，眼根、眼神经退化了，与那个能见之性并没有关系。

明暗自去来，灵光终不昧。

佛教导波斯匿王开眼闭眼的道理，开眼见明，闭眼见暗，明暗的去来是现象。《心经》上说"是诸法空相"，你把现象一丢开，一空了，"灵光终不昧"，你本身的灵光自然在这里，何必去找？你到哪里去找一个性？明心见性，性有多大？白的？黑的？它白了就能够白；黑了就能够黑。

则是现今生灭中，指出不生灭性。

佛在《楞严经》中说，就在我们现有人生生灭变动的境界中，不生不灭的本性就在这个地方。就在现有的物质世界中，可以了解超物质世界作用的那个不生不灭的本身。

父与子

方知穷子衣中宝，乃轮王髻里珠。

你才晓得，悟了道是什么？穷人衣服里的宝贝。这句话出自《法华经》里面的故事。有一个非常富有人家的儿子，自小调皮离家出走，不成器当了太保流氓，最后沦落乞讨。世界首富的父母派人到处寻找。他的父母怕儿子不成器，早就在他的衣服中缝了一颗无价的宝珠，儿子不知，穿着那件衣服，等于端着金饭碗去讨饭。这个儿子忘了自己是哪里人，也忘了父亲是谁。

上次跟你们讲过一件千真万确的事。有一位本省朋友很有钱，在台中，结果儿子到哪里找不到！儿子也不知家在何处，被送到孤儿院。过了五、六个月，一位朋友在孤儿院碰到这个失踪的儿子，把他领回去。这一对父母糊涂，加上小孩也糊涂，此是现代的妙事。

《法华经》接着讲到这位富人没有办法，打听到儿子流落的地方，富人请了年轻的教授，商量把儿子弄回来。教授待遇很高，跟富人的儿子一起讨饭，常常讨不到。最后教授告诉穷子如此讨饭太辛苦了！听说某地有个有钱人，家里找工人，我们去给他做工。结果主人叫他扫厕所，一个月给一千元，管三餐饭，他高兴得不得了。后来他挑大便、扫厕所，老板人很好，慢慢叫他当家里总管，管账房，还是拿薪水，他很认真，账目管得很好。最后一切熟练，老头子告诉他："你就是我儿子，我就是你父亲，这些财产都是你的。"这儿子简直吓死了！

这个故事是说，佛对于一切众生像爱这个儿子一样，我们这些人都是离家出走、浪走他方的流浪汉，自己衣服里就有颗无价宝珠而不知，欲在外面干讨饭。因此佛嘱咐菩萨（教授）跟我们一起讨饭，行教化。打坐、拜佛，干什么？做清洁工作，扫厕所，把大便尘埃扫干净。慢慢修得好，再加一点钱，不要做清洁工作，管账，研究佛学嘛！十二因缘。管了半天慢慢熟了，最后叫你当老板。成佛，就是这个道理。

"乃轮王髻里珠"，这又是佛经上的另一个典故。转轮圣王，一个治世的帝王，天生有一颗宝珠在头顶上，这也是代表最高的智慧。其实我们心里头就有宝，所以我常提唐宋时代云门祖师的一句话："我有一宝，秘在形山。"我们本来有一块宝贝，不生不死，就在这个形体中，你怎么去找出来？

贫女室中金，是如来藏中物。

也是佛经上一个典故。《法华经》说贫子指男性，另一本经典讲贫女指女性。实际上贫女家中很富有，祖传遗产，室内遍是黄金，她自己不知道。这乃是讲如来藏，藏在里头是阴性的，阴性拿女性来代表，男性代表阳，就是我们自己本身就有。

外在内

何假高推极圣，自鄙下凡？

我们学佛常有一个毛病：高推圣境，把菩萨、佛的境界，假想推测得太高而看不起自己。这些凡夫动不动就流眼泪，我一辈子没有办法了。"自鄙下凡"，没有自信心，自卑感重。众生何必自卑，佛是圣人，圣人也是凡夫作。

一向外求，不能内省。

见性成佛很容易，你不要向外面找东西，只要回转来找自己一念清净，一念自在，就行了。成佛也不难，发财才难，做生意、赚钱、谋生什么都难，就是成佛容易，因为那些要向外面去找。我一辈子最怕的是钱，认为发财最难，成佛最容易，自己一找就找到了。钱可不容易，要把你口袋的钱骗到这里很不容易呢！有神通都骗不过来，因为每个众生抓钱的神通都很大。

枉功多劫，违背己灵。

冤枉功夫用了多生累劫，都是向外面找道，结果违背了自己的灵性。灵性就在你身上，自己本有，却不去发现。

　　　　空滞行门，失本真性。

　　这一段好得很，一字万金，不但文字好，也是语重心长的教诲。他说我们修行是"空滞行门"，一天到晚讲修行，早晨烧香，晚上拜拜，今天打坐，明天磕头，处处表示自己在修行，这些都是挑粪啊！《法华经》上讲搬大粪，你哪里有那么多粪搬？一次清洁，一洒就完了嘛！

　　"空滞"，冤枉停留在行门上的事。等于最近教一班同学修白骨观，白骨观有几十个次序，先从观脚趾头起。很多同学老是啃那个脚趾头，一问我，我就生气。你抱着脚趾头啃干嘛呢？这叫"空滞行门"。你不会试第二步、第三步？跳过来不会试？笨得要命！"老师，我没有问过。"这样笨！你怎么不问怎么活下去？要不要活下去？你能勇敢地活下去，做起功夫来又那么笨！该聪明的不聪明，不聪明的又要枉作聪明。

　　所以，以我的推测，包括我在内，世界上最聪明的人是最笨的，真笨蛋是假聪明。最怕的是假聪明，看起来样样能，门门行，自己认为高人一等，两只眼睛看人都向上面看，结果他什么都没有看见，自己看自己更看不见。所以"空滞行门"这句话严重得很！也用得好极了！自己停留在行门中，功夫境界。"失本真性"，找不到自己本来的本性。这句话文字美、道理深，回去要深切体会。

就是你这个！

　　现在他又引用《楞严经》佛告阿难明心见性这一段：

　　所以《首楞严经》云："佛告阿难：'若汝见时，是汝非我；见性周遍，非汝而谁？'"

　　《楞严经》记载佛跟阿难辩论心在哪里，这就是有名的"七处征心"、"八还辩见"。阿难说在这里，佛说不是；在中间，也不是……共讲了七处。"八还辩见"，还：往返讨论，阿难说在这儿，佛说不在这儿，如此往返辩论了八次。现在他引用佛与阿难辩论的结论。

　　"佛告阿难：若汝见时，是汝非我"，佛对阿难说，当你眼睛看见东西时，当然是你看见，不是我看见。阿难是佛的兄弟，你不要看经典文字写得那么美，佛当时一定急坏了，瞪起眼睛骂阿难，你注意啊！当你看见东西，是你看见，不是我看见。佛要阿难了解，阿难说是啊！我知道。佛接着说下去。

　　"见性周遍，非汝而谁"，见性的功能无所不在，在这一面看见，回头也可以看见，无所不见。当我们眼睛张开看见光明；闭起眼睛看见黑暗，明暗过去了，那个能见之性永远存在。一岁看见的，同一百年以后看见的，那个能见之性没有变动啊！昨天看见，今天张开眼睛还是这样看，这个没有变动。"非汝而谁"，这个不是你的本性是什么人的呢！所以后来禅宗参话头有"念佛是谁"。

　　"非汝而谁"，这个不是你自己，是什么人？你向哪里去找？佛急坏了，阿难到底是他兄弟。刚开始，佛问阿难："怎么老不修行，搞了那么久还不行！"阿难说："我是你兄弟，你成了佛，总有一天给我一点，我也成佛。"佛大加斥责："简直胡闹！兄弟与成佛有什么关系？我吃饱了饭，你不吃饭，肚子饿不饿？"阿难说："当然饿。""好啦！既然我是你兄弟，我吃饱了，你可以不吃啦！"佛是那样不留情面地教训阿难。

"'云何自疑汝之真性？性汝不真，取我求实？'"

佛又说："这个不是你的本性是什么？你怎么自己怀疑自己的本性呢？"

"性汝不真"，你怀疑这个就是吗？有些活宝就是这样，"老师啊！你所讲的我都懂，我就是信不过哩！"阿难也是如此！佛说你怎么怀疑自己的真性？是不是你觉得这个不实在的。

"取我求实"，结果你到我这里找个明心见性、求一个真实，我怎么给你？明心见性要你自己去找，你到我这里找什么？看文字没有味道，经过我这么一表演就有味道了。你不相信叫释迦牟尼佛来看，他一定说我表演得很像，对了！

上一段是《楞严经》原文，永明寿禅师引用阿难与佛的对话。

故知明暗差别，是可还之法；真如妙性，乃不迁之门。

哦！他的才华又来了！他说所以我们要了解，开眼见明，闭眼见暗，明暗有来去，现象有变化，能见明见暗的并没有跟着明暗而变动。这个道理懂了吧！

"故知明暗差别，是可还之法"，明与暗可归还本位。"明"归还给光明，还给发光的作用。太阳出来、电灯开了，有光明；太阳下山、电灯关了，则没有光明。"暗"还给不发光的范围。明暗都可归还，你那个明来见明、暗来见暗的那东西归到哪里去啊？我们可以测验，现在看到明，等一下把电灯、窗户关了，我们看到黑暗。明，因为开了电灯；暗，因为关了电灯。开灯晓得亮，关灯晓得暗，那个东西要怎么还给电灯、还给光明、还给黑暗？还不掉的，那正是你的本性。

明、暗这两者有差别，是可还之法；能见明暗之性，"真如妙性，乃不迁之门"。真如妙性，永远不变动的，真如不变，你本来没有变动嘛！怕什么？生老病死，哎哟！发高烧难受，拔牙齿牙痛，不痛的时候晓得不痛。这时你生病，你在哪里？你在痛上？痛也没关系，不痛也没关系，你那个痛绝不因为牙齿拔掉把你本性也拔走一点吧！乃至砍了手，并没有把本性砍掉一点。痛的时候在哎哟上，不痛的时候在舒服上，本性并没有变动，所以是"不迁之门"。

南怀瑾先生著述目录

271

272

打开微信，扫码听南怀瑾著作有声书

《论语别裁》有声书   《易经杂说》有声书

购买南怀瑾先生纸质图书，请打开淘宝，扫码登陆
复旦大学出版社天猫旗舰店

打开微信，扫码看南怀瑾著作电子书

《金刚经说什么》电子书　　　　　　　《老子他说》电子书

购买南怀瑾先生纸质图书，请打开淘宝，扫码登陆
复旦大学出版社天猫旗舰店

打开微信，扫码观看
《复旦大学出版社南怀瑾著作出版纪程》视频

打开微信，扫码观看
南怀瑾先生授课原声视频

图书在版编目（CIP）数据

宗镜录略讲（卷二）/南怀瑾著述. —上海：复旦大学出版社，2017.10（2025.9 重印）
（太湖大学堂丛书）
ISBN 978-7-309-13170-3

Ⅰ. 宗… Ⅱ. 南… Ⅲ. 禅宗-佛经-研究 Ⅳ. B946.5

中国版本图书馆 CIP 数据核字（2017）第 187000 号

宗镜录略讲（卷二）

南怀瑾 著述
出 品 人/严 峰
责任编辑/杜怡顺

复旦大学出版社有限公司出版发行
上海市国权路 579 号 邮编：200433
网址：fupnet@ fudanpress. com http://www.fudanpress.com
门市零售：86-21-65102580 团体订购：86-21-65104505
出版部电话：86-21-65642845
上海新艺印刷有限公司

开本 787 毫米×960 毫米 1/16 印张 18.25 字数 213 千字
2017 年 10 月第 1 版
2025 年 9 月第 1 版第 10 次印刷

ISBN 978-7-309-13170-3/B·629
定价：35.00 元